Foto: © Daniel Schwoboda

Joachim Braun ist Diplompädagoge,
Kinder- und Jugendlichenpsychotherapeut,
Elternberater und Paartherapeut.
Er praktiziert in eigener Praxis in Berlin.

Joachim Braun

JUNGEN IN DER PUBERTÄT

Die **100** wichtigsten Fragen

Rowohlt Taschenbuch Verlag

6. Auflage Januar 2025
Veröffentlicht im Rowohlt Taschenbuch Verlag,
Rowohlt Verlag GmbH, Kirchenallee 19, 20099 Hamburg

Originalausgabe
Zuerst veröffentlicht im Rowohlt Taschenbuch Verlag, Reinbek bei Hamburg,
September 2011
Copyright © 2011 by Rowohlt Verlag GmbH, Reinbek bei Hamburg
Die Nutzung unserer Werke für Text- und Data-Mining
im Sinne von § 44b UrhG behalten wir uns explizit vor.
Lektorat Bernd Gottwald
Umschlaggestaltung ZERO Werbeagentur, München
(Foto: © plainpicture/PhotoAlto)
Satz Corporate PostScript (InDesign) bei Pinkuin Satz und Datentechnik, Berlin
Printed in Germany
ISBN 978-3-499-62739-2

Kontaktadresse nach EU-Produktsicherheitsverordnung:
produktsicherheit@rowohlt.de

INHALT

VORWORT

Seit mein Buch «Jungen in der Pubertät – Wie Söhne erwachsen werden» im Jahr 2003 erschienen ist, wenden sich zahlreiche Eltern an mich. Viele der Zuschriften enthalten Lob und Dank, einige auch Anregungen und Kritik. In den meisten Fällen jedoch bitten mich Eltern konkret um Rat bei der Erziehung ihrer pubertierenden Söhne.

Die Schilderungen der Eltern – ob in Briefen und Mails oder persönlich in meiner Praxis für Kinder- und Jugendlichenpsychotherapie – berühren mich jedes Mal aufs Neue. Sie machen mir bewusst, wie lebendig die Pubertät verläuft, was sie bei Jugendlichen und Eltern alles in Bewegung setzen kann, aber auch, in welche Irritation, Rat- und Hilflosigkeit sie Eltern häufig stürzt. Ich weiß aus eigener Erfahrung, wie entlastend es sein kann, mitzubekommen, dass es anderen Eltern ähnlich ergeht. Ein Vater zweier Pubertierender sagte einmal während einer Elternberatung: «Man schmort so im eigenen Saft, dass man völlig den Blick für das rechte Maß verliert, statt sich zu sagen: ‹Komm runter, andere Eltern sind auch nicht besser dran, so ist es eben in der Pubertät! In ein paar Jahren ist alles vorbei!›» Ich erinnere mich noch gut, dass ich bei jenen Sätzen den Einfall hatte, die Fragen der Eltern und meine Antworten darauf in einem Buch niederzuschreiben. Meine Idee war, Eltern gewissermaßen einen Blick durchs Schlüsselloch zu ermöglichen, indem ich sie an den Sorgen und Nöten anderer Eltern teilhaben lasse. Also begann ich, die Fragen sorgfältig zu sichten und in Kapitel zu unterteilen, wobei ich aus Gründen der Verschwiegenheit, aber auch der Lesbarkeit die Mails und Briefe nicht eins zu eins übernommen habe, sondern sie gekürzt und redaktionell überarbeitet wiedergebe.

Möglicherweise fällt Ihnen beim Lesen dieses Buches auf, dass sich bestimmte Themen in meinen Antworten wiederholen. Dazu gehört zum Beispiel die Ablösung des Jugendlichen von seinen Eltern oder der Spagat zwischen Loslassen und Haltgeben, den Eltern immer wieder vollbringen müssen. Aber dies sind nun einmal die Kernthemen der Pubertät. Jugendliche stehen vor der Entwicklungsaufgabe, sich ein eigenes, von den Eltern unabhängiges Leben aufzubauen, und dieser Prozess löst nicht nur bei Jugendlichen, sondern auch bei Eltern eine gewisse Hilflosigkeit aus. Es ist kennzeichnend für die Pubertät, dass sich Eltern immer wieder fragen, ob sie strenger oder nachsichtiger, aufmerksamer oder gelassener, sorgsamer oder sorgloser sein sollten. Auch mein Rat, mit dem Sohn über dieses und jenes im Gespräch zu bleiben, taucht häufig auf. Das mag banal klingen, ist man als Elternteil doch ständig mit seinem Pubertierenden über alles Mögliche im Gespräch, wenn auch häufig fruchtlos. Und dennoch: Gespräch ist nicht gleich Gespräch. In der Hektik des Alltags kommen Eltern oft nicht auf die Idee, sich mit ihrem Sohn zusammenzusetzen und über bestimmte Dinge ruhig und sachlich in den Dialog zu treten; sich einzufühlen in das, was ihn beschäftigt, die eigene Sicht zur Disposition zu stellen, sich gemeinsam auf die Suche nach einer Lösung zu machen. Auch gilt es, zu manchen Themen wie beispielsweise Regeln, Schule, Drogen oder Alkohol eine klare Haltung zu vertreten und diese immer wieder zu thematisieren.

Jugendliche brauchen das Gespräch, weil sie so spüren, mit ihren Eltern in Kontakt zu sein, und weil Kontakt das

A und O von Erziehung ist. Vergessen Sie Hirnforschung, Gene und Hormone: Es ist die Beziehung zu den Eltern, die uns maßgeblich prägt. Als Therapeut und Berater erlebe ich es häufig, dass Eltern das Richtige tun, indem sie die Diskussion, die Auseinandersetzung, den Streit wagen. Entscheidend ist nicht, ob der Sohn drei oder fünf Stunden täglich an den Computer darf oder um zehn oder halb elf abends zu Hause sein muss. Entscheidend ist, dass Eltern und Söhne über solche Themen im Kontakt sind und dass Jugendliche die Möglichkeit haben, sich zu orientieren, sich zu messen, sich zu reiben und Begleitung und Grenzen zu erfahren. Manchmal kann es Eltern helfen, sich an die eigene Pubertät zu erinnern; sich zu vergegenwärtigen, mit welchen Gefühlen sie all die körperlichen und seelischen Veränderungen erlebt haben und was sie selbst von ihren Eltern gebraucht hätten, um diese Entwicklungsphase gut zu bewältigen.

Damit Sie mit Ihrem Sohn ins Gespräch kommen, könnten Sie auch einige Fragen beziehungsweise Antworten aus diesem Buch mit ihm diskutieren. Fragen Sie Ihren Sohn, wie er zu bestimmten Themen steht, und finden Sie gemeinsam mit ihm heraus, wie Sie beide mit den beschriebenen Situationen und Problemen umgehen würden. Sie könnten das Buch auch beiläufig auf dem Wohnzimmertisch liegen lassen. Ich höre oft von Jugendlichen, dass sie «Jungen in der Pubertät – Wie Söhne erwachsen werden» gelesen haben und sich darin wiederfinden, obwohl der Ratgeber ja eigentlich für Eltern geschrieben ist. Ein Jugendlicher sagte einmal: «Nachdem ich Ihr Buch gelesen habe, verstehe ich endlich, wie meine Eltern ticken!»

In diesem Zusammenhang bitte ich Sie, meine Antworten als Hinweis und Anregung aufzufassen, nicht aber als Gesetz im Sinne von: Nur so und nicht anders muss man es machen!

Bilden Sie sich Ihre eigene Meinung – nur so kann etwas in Bewegung kommen. Und bitte haben Sie Verständnis, dass ich es nicht schaffe, alle E-Mails, die Eltern mir zusenden, zu beantworten. Es wäre ein zu großer zeitlicher Aufwand. Daher verweise ich ratsuchende Eltern an die entsprechenden Beratungsstellen oder Online-Foren. Wichtige Literatur und Internetadressen habe ich am Ende dieses Buches aufgelistet. Nun wünsche ich Ihnen viel Vergnügen beim Lesen und die eine oder andere gute Erkenntnis, die Ihnen den Spagat zwischen Halt geben und Loslassen leichter macht.

Joachim Braun

PUBERTÄTSVERLAUF

1. **Welche Unterstützung braucht unser Sohn von uns?**
*Wir sind Eltern zweier pubertierender Söhne (17 und 13),
die über ein unterschiedliches Temperament verfügen. Während uns der Ältere eine ruhige Pubertät beschert, kündigt sich
beim Jüngeren bereits an, dass es nicht leicht werden wird. Wie
können wir ihn unterstützen, was braucht er von uns?*

Ich fürchte, wenn Ihr jüngerer Sohn beschlossen hat, schwierig
zu werden, dann müssen Sie da wohl oder übel durch. Eltern
haben nur bedingt Einfluss darauf, wie die Pubertät ihrer Kinder verläuft. Ausschlaggebend sind unter anderem das Temperament, die Hormone, die Umstrukturierungen im Gehirn
und die bisherige Biographie des Sohnes. Vielleicht muss der
jüngere Sohn auch zum Ausdruck bringen, dass er keinesfalls
so pflegeleicht sein will wie sein älterer Bruder, denn in der
Pubertät geht es nicht nur darum, sich von den Eltern abzugrenzen, sondern auch von den Geschwistern.

Sie können Ihren Sohn unterstützen, indem Sie ihm Halt
geben. Halt vermitteln Sie durch Vertrauen in seine Stärken
und das Aufstellen von Regeln beziehungsweise das Setzen
von Grenzen.

Vertrauen bedeutet, grundsätzlich an Ihren Sohn zu glauben,
daran, dass er sein Leben meistern wird – egal, welche Schwierigkeiten er sich und Ihnen beschert. Manche Eltern fragen
sich, wie sie das bewerkstelligen sollen, wenn der Sohn sein

Zimmer zumüllt, Gangsta-Rap hört, lügt, klaut, in der Schule scheitert oder kifft? Vertrauen heißt jedoch nicht, dass Sie alles gutheißen sollen, was Ihr Sohn tut. Vertrauen heißt, neben den Schwächen Ihres Sohnes auch die Stärken im Blick zu behalten und ihm zu vermitteln, hinter ihm zu stehen – was auch immer er anstellt. So lernt er, sich selbst zu vertrauen.

Eltern neigen manchmal dazu, das Vertrauen in den Sohn zu verlieren, weil der Sohn eben kein Vertrauen zu sich hat. Anders ausgedrückt: Der elterliche Vertrauensverlust spiegelt häufig einen inneren Zustand des Jugendlichen voller Angst und Selbstunsicherheit. Wenn Eltern ihrem Sohn nichts zutrauen, wenn sie ihn wie ein Sorgenkind behandeln oder ständig befürchten, er schaffe sein Leben nicht, dann verstärken sie seine Angst nur. Dies kann am Ende dazu führen, dass er im Sinne einer selbsterfüllenden Prophezeiung tatsächlich scheitert. Ich erlebe es häufig in Gesprächen mit Eltern und Jugendlichen, dass, wenn Jugendliche wenig Selbstvertrauen haben, ihnen die Eltern auch real wenig zutrauen. Manchmal bin ich verblüfft, wie viele Stärken ich beim Jugendlichen entdecke, die von den Eltern überhaupt nicht wahrgenommen werden. Durchbrechen Sie diesen Teufelskreis, indem Sie an Ihr Kind glauben!

Doch Jugendliche brauchen auch Grenzen, denn Grenzen vermitteln Halt und Orientierung. Wenn sich Ihr jüngerer Sohn als kleiner Rebell erweist, dann teilt er Ihnen damit unterschwellig mit, dass er sich an Ihnen reiben will. Er will hören, dass Sie anderer Meinung sind als er, will Sie mit Werten und Ansichten provozieren, die Sie zum Widerspruch reizen, will Regeln brechen und sich mit Ihnen messen, wer der Stärkere ist. Als Eltern sind Sie gefordert, Regeln aufzustellen, die gebrochen werden, Anordnungen zu erteilen, die hintergangen werden, und Ansichten auszusprechen, die als merkwürdig betrachtet werden können. Ihr Sohn will, dass Sie sich mit ihm auseinandersetzen und streiten. So lernt er, dass er eine eigene, von Ihnen unabhängige Identität besitzt.

Mir ist bewusst, wie aufreibend solche Konflikte sein können, und ich verstehe Eltern, die nach einem arbeitsreichen Tag keine Lust mehr verspüren, in den Ring zu steigen. Und doch sollten Sie eine positive Haltung zu Lügen, Widerworten, Verweigerung und Regelbrüchen einnehmen. Sonst bleibt Ihr Sohn bei seiner Suche nach Halt und Orientierung allein.

Fazit: *Unterstützen Sie Ihren Sohn, indem Sie ihm Vertrauen entgegenbringen und zugleich Grenzen setzen.*

2. Mein Sohn rebelliert kaum

Seit mein Mann vor zehn Jahren verstorben ist, erziehe ich meinen einzigen Sohn Marcel (16) alleine. Marcel war schon immer ein ruhiger, in sich gekehrter Junge. Wir streiten uns kaum, er lernt brav für die Schule und geht mir im Haushalt zur Hand. Wenn ich andere Eltern höre, ist das keine Selbstverständlichkeit, und darüber freue ich mich natürlich. Dennoch mache ich mir Sorgen, ob er nicht rebellischer sein müsste, denn schließlich sollte er sich doch sachte von mir lösen. Überall liest man, dass Konflikte in der Pubertät so wichtig seien.

Hin und wieder erhalte ich Mails von Eltern mit der Frage, ob denn die Pubertät tatsächlich so konflikthaft verlaufen müsse, wie es in Erziehungsratgebern immer behauptet werde. Eine Mutter schrieb mir: «Unser 16-Jähriger bereitet uns überhaupt keine Probleme. Meinen Sie, wir sollten einen Familientherapeuten aufsuchen?»

Ich kann gut verstehen, dass es Eltern verunsichert, wenn der eigene Sohn friedlich vor sich hin pubertiert, während man ständig und überall von Pubertätskonflikten liest. Doch die Pubertät ist ein höchst individueller Prozess, der sich nicht an Regeln hält, wie er zu verlaufen hat. Selbstverständlich ist es völlig in Ordnung, wenn Jugendliche die Pubertät ohne tiefgreifende Probleme oder nennenswerte Streitigkeiten bewältigen. Eine Mutter erzählte mir, dass ihr 16-Jähriger ein durchstrukturiertes, diszipliniertes Leben führt, das sich zwischen Rudern, Schule, Freundin und rechtzeitigem Zubettgehen bewegt. Auch sie fragte sich besorgt, ob sie etwas falsch mache.

Dass in Erziehungsratgebern vor allem die Konflikte fokussiert werden, hat sicherlich etwas damit zu tun, dass wir als Autoren vor allem jene Eltern im Kopf haben, die Rat und Hilfe suchen. Das darf jedoch nicht dazu führen, dass Eltern verunsichert werden, wenn bei ihrem Jugendlichen alles prima klappt. Letztendlich ist die Art und Weise, wie ein Jugendlicher pubertiert, auch abhängig von seinem Temperament und seiner Persönlichkeit. Sie schreiben ja auch, dass Marcel schon immer ein ruhiger Junge war.

Doch konkret zu Ihrer Situation: Hinterfragen Sie das Aggressions- und Konfliktpotenzial Ihres Sohnes. Kann er für seine Bedürfnisse einstehen? Drückt er Ärger aus, kann er sich durchsetzen? Wie verhält er sich bei seinen Freunden und in der Schule – ist er dort genauso angepasst wie zu Hause oder offensiver? Vielleicht treibt er Sport und baut auf diese Weise Frustrationen und überschüssige Energien ab. Ich will auf Folgendes hinaus: Möglicherweise scheut sich Ihr Sohn, gegen Sie zu rebellieren, weil er dann insgeheim fürchtet, Sie zu enttäuschen. Schließlich sind Sie durch den Tod Ihres Mannes schon einmal von einem Mann enttäuscht worden. Ihr Sohn könnte sich dafür verantwortlich fühlen, dass Ihnen ein derartiger Schicksalsschlag nicht noch einmal widerfährt, und Sie vor erneuten Abschiedsschmerzen schützen wollen.

Sie können seinen Ablösungsprozess unterstützen, indem Sie ihm innerlich erlauben, zu gehen. Achten Sie darauf, dass er ein von Ihnen unabhängiges Leben mit einem eigenen Freundeskreis, eigenen Hobbys, eigenen Ansichten führen kann. Leben auch Sie ein unabhängiges Leben, indem Sie einen eigenen Freundes- und Bekanntenkreis pflegen, in dem Ihr Sohn nichts zu suchen hat, und Ihre Freizeit unabhängig von ihm gestalten. Haben Sie ein Auge darauf, dass Sie nicht zu eng «aufeinanderhocken». Seien Sie nicht immer nur die verständnisvolle Mutter, sondern bieten Sie Reibungsflächen. Forcieren Sie Diskussionen, bei denen gegensätzliche Standpunkte ausgefochten werden können; benennen Sie (sinnvolle) Regeln, auf deren Einhaltung Sie Wert legen; stellen Sie sich insgesamt mehr als mütterliche Autorität zur Verfügung, gegen die er sich auflehnen kann. Auf diese Weise kann sich Ihr Sohn gut in Aggression, Rebellion und Ablösung von Ihnen erproben.

Fazit: *Nicht alle Heranwachsenden rebellieren. Machen Sie sich keine Sorgen, wenn die Pubertät Ihres Sohnes ruhig verläuft. Aber achten Sie darauf, dass Sie genügend Reibungsflächen bieten.*

3. Welchen Sinn haben Pubertätskonflikte?

Seit unser Sohn (16) in die Pubertät gekommen ist, hat sich sein Verhalten so rapide geändert, dass ich ihn kaum wiedererkenne. Er hält sich nicht mehr an Absprachen und tyrannisiert mit seinen Launen die gesamte Familie. Ich hätte niemals

gedacht, dass er sich zu solch einem Ekelpaket entwickeln wür-
de. Was für einen Sinn hat das Ganze? Warum ist die Pubertät
für alle Beteiligten eine so anstrengende Zeit?

Wenn Sie sich im Freundes- und Bekanntenkreis umhören oder
in Internetforen stöbern, werden Sie feststellen, dass es von
«Ekelpaketen» nur so wimmelt. Eine Mutter sagte kürzlich während einer Elternberatung: «Er tyrannisiert die ganze Familie
wie ein Despot! Als wenn er der Größte wäre und sich alles nur
noch um ihn drehen müsste! Gibt es da nicht irgendwo einen
Knopf zum Ausschalten?» Nein, leider existiert dieser Knopf
nicht. Die Pubertät ist ein vielschichtiger Umbauprozess der
Psyche, der Hormone und des Gehirns. Kurzum: Viele Jugendliche sind mit einem Mal tatsächlich nicht wiederzuerkennen!

Der Sinn der Pubertät ist die schrittweise Ablösung des
Jugendlichen von seinen Eltern. Dies ist das zentrale Thema,
aus dem sich alles, was in der Pubertät geschieht, ableiten
lässt. Jugendliche müssen gehen, und Eltern müssen loslassen.
Dieses Gehenmüssen ist für Jugendliche mit großen Ängsten
verbunden. (Auf die elterlichen Probleme beim Loslassen gehe
ich in Frage 7, Seite 31, ein.) Sie müssen sich das so vorstellen:
Ausgelöst durch rasante körperliche Veränderungen, wächst
im Jugendlichen der Drang nach Autonomie. Nicht mehr lange,
und Ihr Sohn wird sich räumlich trennen, sich eigene Ideen,
Pläne und Werte aneignen und Liebesbeziehungen aufnehmen,
die ihn emotional von seinen Eltern entfernen. Die zentrale
Frage, die einen Jugendlichen beschäftigt, lautet: «Kann ich in
der Welt da draußen überleben, wenn meine Eltern nicht mehr
bei mir sind?», oder: «Bin ich stark, fit, talentiert genug, um das
Leben auch ohne meine Eltern zu bewältigen?»

Um von den Eltern unabhängig zu sein, benötigt man ein einigermaßen sicheres Gefühl der Identität. Nur wenn ich weiß, wer ich bin, was ich will und welche Eigenschaften mich von anderen unterscheiden, kann ich es wagen, meine Eltern zu verlassen und meine eigenen Erfahrungen zu machen. Folglich müssen Heranwachsende eine Antwort auf die Frage finden, wer sie sind. Eine Identität zu haben heißt, sich zu kennen, sich selbst definieren zu können, sich der Merkmale und Eigenschaften bewusst zu sein, die einen charakterisieren. Um sich selbst kennenzulernen, müssen Jugendliche eine Vielzahl von Entwicklungsaufgaben bewältigen (Dreher/Dreher, zitiert aus Göppel, Rolf: Das Jugendalter):

- Aufbau eines Freundeskreises: zu Altersgenossen beiderlei Geschlechts neue, tiefere Beziehungen herstellen
- Sich das Verhalten aneignen, das man in unserer Gesellschaft von einem Mann bzw. einer Frau erwartet
- Von den Eltern unabhängig werden bzw. sich vom Elternhaus lösen
- Akzeptieren der eigenen körperlichen Erscheinung: Veränderungen des Körpers und des eigenen Aussehens annehmen
- Wissen, was man werden will und was man dafür können (lernen) muss
- Aufnahme intimer Beziehungen zum Partner (Freund/ Freundin)
- Vorstellungen entwickeln, wie der Ehe- und Lebenspartner und die zukünftige Familie sein sollen
- Über sich selbst im Bilde sein: wissen, wer man ist und was man will
- Entwicklung einer eigenen Weltanschauung: sich darüber klar werden, welche Werte man hochhält und als Richtschnur für sein eigenes Verhalten akzeptiert

- Entwicklung einer Zukunftsperspektive: sein Leben planen und Ziele ansteuern, von denen man glaubt, dass man sie erreichen kann

Die meisten Jugendlichen schwanken zwischen Phasen, in denen sie sich ihrer selbst bewusst sind, und Phasen, in denen sie sich verunsichert fühlen. Mal schlägt das Pendel in Richtung Selbstüberschätzung, mal in Richtung Minderwertigkeitsgefühl und Depression. Diese Spannung ist nicht leicht auszuhalten – weder für Jugendliche noch für die Familie, die den Prozess hautnah miterlebt.

Eltern haben die Aufgabe, Heranwachsende bei ihrer Suche nach sich selbst zu begleiten und zu unterstützen. Ich weiß, das schreibt sich leichter, als es in Wirklichkeit ist, denn in aller Regel bitten Jugendliche ihre Eltern nicht höflich um Unterstützung bei der Bewältigung einer schwierigen Lebensphase. Stattdessen verwickeln sie ihre Eltern in widersprüchliche Wünsche, Erwartungen und Beziehungsangebote. Sie wollen versorgt und bemuttert werden, stellen zugleich aber auch klar, dass genau das zu diesem Zeitpunkt überhaupt nicht mehr angesagt ist. Speziell Jungen gebärden sich häufig wie «echte Kerle», wollen jedoch wenig später wie Kleinkinder umsorgt und gestreichelt werden. Sie fordern Anerkennung als Erwachsene, verhalten sich aber wie Kinder. Im Grunde wissen sie selbst oft nicht, ob sie Kind oder Erwachsener sind. Konflikte entstehen, weil Eltern einen anderen Blick auf die Reife des Jugendlichen haben als der Jugendliche selbst. Während Ihr Sohn glaubt, über die Zeit, die er am Computer verbringt, oder die Zeit, wann er nach Hause zu kommen hat, selbst entscheiden zu können, regt sich in Ihnen Widerstand. Sie gestehen ihm noch nicht die nötige Reife zu, solche Entscheidungen allein zu treffen. Doch ähnlich wie Ihr Heranwachsender sind auch Sie unsicher, was und wie viel Sie ihm an Selbständigkeit zutrauen können. Sie pendeln zwischen Strenge und Loslassen, verbieten und erlauben, anerkennen und strafen. Und manchmal wissen Sie vor lauter Unsicherheit nicht mehr, was Sie tun sollen. Dann geht es Ihnen exakt so wie Ihrem Heranwachsenden.

Die alltäglichen Konflikte und Reibereien, so anstrengend sie oft auch sein mögen, haben einen tieferen Sinn. In Machtkämpfen und Grenzüberschreitungen versuchen Jugendliche auszuhandeln, welches Maß an Selbständigkeit und Reife ihnen die Eltern tatsächlich zugestehen wollen. Dies dient der Orientierung und Selbsteinschätzung. Wenn meine Eltern mir nicht zutrauen, dass ich schon mit Alkohol umgehen kann, dann haben Sie vielleicht recht – oder vielleicht auch nicht. Regeln und Grenzen helfen, einen realistischen Blick auf sich selbst zu bekommen. Und den brauchen Jugendliche bei ihrer Suche nach Identität.

Aber auch die elterliche Sicht wird durch Konflikte stets aufs Neue ins Wanken gebracht, indem Eltern sich ständig fragen, was ihr Heranwachsender alleine schafft und was (noch) nicht. Sollen Sie ihn rauchen lassen, oder ist es noch zu früh? Sollte die Faulheit in Haushaltsdingen sanktioniert werden, oder ist sein Verhalten in Ordnung? Kümmert er sich alleine um die Schule, oder sollten Sie sich einmischen? Darf er sich Pornos ansehen, können Sie ihn alleine mit seinen Freunden in Urlaub fahren lassen, sollten Sie die Ausgehzeiten verlängern ... und und und. Pubertätskonflikte, so anstrengend sie auch sein mögen, sind immer auch ein beiderseitiges Ausprobieren, welcher Weg für den Jugendlichen der richtige ist. Eltern, die sich Konflikten stellen, setzen bei sich selbst und bei ihrem Heranwachsenden etwas in Bewegung.

Darüber hinaus verschafft es Jugendlichen Halt, sich zu reiben, denn auf diese Weise können sie sich in dem sicheren Gefühl wiegen, von den Eltern begleitet zu werden. Ein 15-Jähriger berichtete mir in einem Beratungsgespräch, dass seine Eltern ihm seine große Leidenschaft, den Kampfsport, verbieten wollten, falls er das Schuljahr nicht schaffte. Ich wusste bereits von der Maßnahme, weil mich die Mutter telefonisch davon in Kenntnis gesetzt hatte. Außerdem hatte sie voller Verzweiflung erzählt, dass ihr Sohn mit heftigen Wutausbrüchen und einem Dauerflunsch reagiert hatte. Ich fragte den jungen Mann, wie es ihm mit der elterlichen Maßnahme gehe. Er grinste und sagte, dass er das ziemlich cool finde. «Meine Eltern machen das voll richtig», sagte er, «denn jetzt tu ich endlich mal was für die Schule. Kampfsportverbot, oje – das wär ja total krass!» Die Antwort verblüffte mich, und ich wollte wissen, ob er seinen Eltern das auch so gesagt habe. Das Grinsen wurde breiter. «Nein, meine Eltern sollen ruhig denken, dass ich sauer bin, sonst machen die so was öfter.»

Sie werden von Ihrem Heranwachsenden keine Ovationen bekommen, wenn Sie Strukturen fordern, Regeln aufstellen oder Grenzen setzen. Aber sofern Sie innerlich bereit sind, Ihre eigene Sicht immer wieder zu hinterfragen und zu überprüfen, können Sie nichts falsch machen. Ein zu straff gezogener Zügel kann jederzeit wieder gelockert werden. Jugendliche brauchen Sie als starkes Gegenüber. Nur so können sie den großen Schritt vor die Tür wagen.

Auch wenn es ein Allgemeinplatz ist: Die Zeit der Krisen und Konflikte geht vorbei. Ich höre immer wieder von Eltern, deren Söhne aus dem Gröbsten heraus sind, dass sie überhaupt nicht mehr verstehen können, warum es in der Pubertät so häufig gekracht hat. «Er war ein anderer Mensch», sagte eine Mutter, «und wenn ich damals schon gewusst hätte, wie toll er sich entwickeln würde, wäre ich viel ‹gechillter› geblieben, um in der Sprache meines Sohnes zu bleiben.»

Fazit: *Konflikte sind notwendig, um die Ablösung von den Eltern zu forcieren. Unterstützen Sie Ihren Sohn, indem Sie sich als starkes Gegenüber zur Verfügung stellen.*

ICH BIN DANN MAL WEG!

Die Ablösung des Kindes von seinen Eltern ist ein lebenslanger schrittweiser Prozess, der mit der Geburt beginnt, wenn das Neugeborene den Körper der Mutter verlässt. Von nun an heißt es: Abschied nehmen. In jeder Entwicklungsphase rücken wir ein Stück weiter von unseren Eltern weg – und brauchen dazu Konflikte.

- **Säuglingsalter:** Der Säugling, der sich zunächst noch in der Symbiose mit der Mutter erlebt, muss nach einigen Monaten erkennen, dass er ein von der Mutter losgelöstes, eigenständiges Wesen ist. Zentraler Konflikt: Er fühlt sich hin- und hergerissen zwischen dem Wunsch nach eigener Identität und Einheit mit der Mutter.
- **Kleinkindalter:** Mit Beginn des Krabbel- und Laufalters will das Kind die allernächste Umgebung erforschen. Es versucht, sich räumlich ein Stück von den Eltern zu entfernen. Zugleich wächst der Wunsch nach Eigenständigkeit und Unabhängigkeit. Zentraler Konflikt: Das Kind will seinen Willen durchsetzen (Trotzphase) und austesten, wie viel Autonomie ihm die Eltern zugestehen. Es schmerzt, sich unterordnen zu müssen, obwohl man so stark sein will.

- **Spielalter:** Etwa im Alter zwischen drei und fünf verspürt das Kind den Drang, sich die Welt um sich herum anzueignen. Es will im Mittelpunkt stehen, will einen Elternteil für sich alleine haben und rivalisiert mit dem anderen und den Geschwistern. Zentraler Konflikt: Das Kind erfährt, dass seine Initiative Grenzen hat. Es kann weder einen Elternteil noch die Welt um sich herum besitzen.
- **Schulalter:** Mit Beginn der Schulzeit macht das Kind einen großen Schritt nach draußen. Seine Aufmerksamkeit verlagert sich jetzt von der Familie auf die Schule. Zentraler Konflikt: Das Kind muss Leistung erbringen und aushalten, dass es bewertet wird. Gleichzeitig muss es lernen, sich im Klassenverband zu behaupten.
- **Pubertät:** Nun wird es ernst, und der Heranwachsende macht sich auf den Weg, um im eigenen Leben anzukommen. In keiner der vorherigen Entwicklungsphasen war Ablösung so deutlich spürbar. Jugendliche suchen Nähe zu ihren Eltern, ringen aber zugleich auch um mehr Distanz. Eltern schwanken zwischen Loslassen und Halt-geben-Müssen. Zentraler Konflikt des Jugendlichen ist die Identitätssuche, die ein Gefühl der Stärke, aber auch der Angst auslösen kann.
- **Frühes Erwachsenenalter:** Die meisten jungen Erwachsenen haben sich nun räumlich von ihren Eltern getrennt. Doch noch immer werden Streite um Autonomie, Macht und Anerkennung ausgefochten, wenn auch nicht mehr so heftig wie in der Pubertät. Auch haben Eltern nicht mehr den Einfluss wie in früheren Entwicklungsphasen. Junge Erwachsene sind damit beschäftigt, einen passenden Beruf und den Partner oder die Partnerin fürs Leben zu finden.

- **Erwachsenenalter:** Auch wenn wir als Erwachsene unsere eigenen Wege gehen, sind wir innerlich noch mit den Eltern verbunden. Als Eltern, Partner, Freund oder Arbeitskollege wiederholen wir unbewusst Werte und Muster, die wir von unseren Eltern übernommen haben und von denen wir uns lösen müssen, sofern sie uns nicht guttun.

4. Mein Sohn beginnt plötzlich zu pubertieren – mit 18!

Unser Sohn hat uns während seiner Pubertät kaum Probleme gemacht, worum uns andere Eltern immer beneidet haben. Doch jetzt weigert er sich plötzlich, uns einen Obolus zur Miete zu zahlen, obwohl er im dritten Ausbildungsjahr genug verdient. Er wird zunehmend aggressiv, beschimpft meinen Mann und mich wegen jeder Kleinigkeit und behandelt mich wie eine Dienstbotin («Wieso ist meine Hose nicht gewaschen?!», «Wieso ist das Essen nicht fertig?!»). Ist es normal, dass ein 18-Jähriger noch zu pubertieren beginnt?

Der Begriff «Pubertät» kommt aus dem Lateinischen (*pubertas*, Geschlechtsreife) und bezieht sich streng genommen auf die körperliche Entwicklung, die bei Jungen mit etwa 16 bis 17 Jahren endet, nachdem sich Stimme, Körperbehaarung und die Geschlechtsteile ausgebildet haben. Doch mit der körperlichen Reifung haben sich Jugendliche noch lange nicht von den Eltern gelöst. In der Nachpubertät oder Adoleszenz geht es darum, die Beziehung zu den Eltern neu zu gestalten, nachdem der Heranwachsende ein gewisses Maß an Autonomie und Reife erworben hat. Dies kann bis zu einem Alter von weit über 20 andauern.

Dass ein 18-Jähriger noch zu «pubertieren» beginnt, ist also nichts Ungewöhnliches. Ich höre oft von Müttern und Vätern, dass der Jugendliche bis ins junge Erwachsenenalter hinein «ganz vernünftig» war, bis dann mit einem Mal die Pubertät aus ihm herausbrach.

Bei Ihrem Sohn hat das Rebellieren in etwa mit Beginn der Volljährigkeit eingesetzt. Jugendliche machen häufig einen Reifungsschritt, wenn sie die Schule abschließen, eine Ausbildung beginnen, sich das erste Mal verlieben – oder eben volljährig werden. Solche Reifungsschritte können immer auch Abgrenzungswünsche und Aggressionen gegen die Eltern wachrufen, im Sinne von: «Ich bin jetzt erwachsen, und ihr habt mir gar nichts mehr zu sagen!» Auch und vor allem die körperliche Reifung vermittelt Jugendlichen oft das Gefühl, erwachsen zu sein, obwohl die seelische Reifung für Außenstehende spürbar hinterherhinkt.

Da Ihr Sohn 18 Jahre geworden ist, sollten Sie seine erwachsene, autonome Seite ernst nehmen und stärken. Setzen Sie sich mit ihm zusammen und sagen Sie ihm, dass Sie nicht länger bereit sind, sich wie eine Dienstbotin behandeln zu lassen und die Kosten für seinen Lebensunterhalt alleine zu tragen. Da er sich im dritten Ausbildungsjahr befindet, ist es nicht zu viel verlangt, einen Mietzuschuss von ihm zu fordern. Falls er sich weigert, könnten Sie ihm auch nahelegen, eine eigene Wohnung zu nehmen. So hat er die Wahl, auszuziehen und ein eigenes Leben zu beginnen oder aber die Verantwortung im Zusammenleben mit Ihnen als Eltern zu übernehmen. Beides würde ihn in seiner Autonomieentwicklung ein Stück weiterbringen.

Fazit: *Es ist völlig normal, dass ein 18-Jähriger noch zu pubertieren beginnt. Sie können seinen Ablösungsprozess forcieren,
indem Sie mehr Verantwortung von ihm fordern.*

5. Welche Rolle spielen hirnorganische Vorgänge?

*Ich habe neulich gelesen, dass ein «Umbau im Gehirn»
für Stimmungen und Krisen in der Pubertät verantwortlich sein
soll. Macht man es sich damit nicht zu einfach?*

Sie sprechen mit Ihrer Frage ein hochaktuelles Thema an. Die
Erkenntnis, dass hirnorganische Vorgänge einen Einfluss auf
die Gefühle und das Verhalten Jugendlicher haben, ist relativ
neu. Noch bis vor kurzem war man der Ansicht, lediglich Hormone und die sich wandelnde Psyche verursachten pubertäre
Gefühls- und Verhaltensauffälligkeiten. Das Gehirn, so glaubte
man, sei im Alter von 12 Jahren vollständig ausgereift und alle
entscheidenden neuronalen Vorgänge spielten sich bis zum
Alter von 3 Jahren ab. Doch dank der Kernspintomographie,
eines bildgebenden Verfahrens zur Darstellung von Strukturen
innerer Organe, gelang es dem US-amerikanischen Kinder-
psychiater Dr. Jay Giedd Mitte der neunziger Jahre, ins Innere
von Gehirnen zu sehen. Eher zufällig entdeckte Giedd, dass
das jugendliche Gehirn in seiner grundlegenden Struktur tiefgreifende Veränderungen erfährt, die Auswirkungen auf das
Denken, Fühlen und Handeln haben. Interessant an der Hirnforschung zur Pubertät ist vor allem, dass Neurologen glauben,
eine Erklärung für eine Vielzahl alltäglicher Konflikte zwischen
Eltern und Pubertierenden gefunden zu haben. Zum Beispiel:
Ein Vater beklagte sich in einem Elterngespräch bei mir, sein
15-Jähriger würde ihm ständig unterstellen, einen verärgerten,

gereizten und arroganten Gesichtsausdruck zu haben. «Er geht hoch wie eine Rakete und meint, ich wäre sauer oder herablassend. Aber er interpretiert meine Mimik völlig falsch!» Solche Fehleinschätzungen könnten auf den noch nicht vollständig entwickelten präfrontalen Kortex zurückzuführen sein. Diese Hirnregion ist dafür verantwortlich, die vielschichtigen Emotionen im Gesicht des Gegenübers richtig einzuschätzen. Auch die Unfähigkeit, vorauszuplanen oder Entscheidungen zu treffen, werden mit Veränderungen des Präfrontalhirns in Verbindung gebracht. Demnach können Jugendliche nur schlecht absehen, welche Konsequenzen ihr Handeln hat. Es erreicht sie in der Regel nicht, wenn Eltern drohen, dass schlechte Zensuren Auswirkungen auf die berufliche Zukunft haben können. Jugendliche stellen einen Zusammenhang zwar irgendwie her, aber richtig begreifen und emotional erfassen können sie ihn nicht. Auch beim Besprühen von Hauswänden, beim Ladendiebstahl oder beim siebenfachen Salto mit dem Skateboard werden Konsequenzen nicht mit einkalkuliert. Selbst eine so einfache Planung wie «erst chatte ich ein bisschen, dann mache ich meine Hausaufgaben, dann bringe ich den Müll runter und dann treffe ich meine Freunde», fällt Jugendlichen schwer. Es bleibt beim Chatten – und der Rest wird schlichtweg vergessen; ohne böse Absicht.

Die Liste all jener Verhaltensweisen, die sich neurologisch erklären lassen, ist lang. Sie reicht vom Trödeln über spätes Zubettgehen, chronische Müdigkeit, extreme Stimmungsschwankungen bis hin zu einer egozentrischen Weltsicht. Für Eltern kann dieser neurologische Blickwinkel entlastend sein. Eine Mutter sagte mir kürzlich: «Ich mache mir jetzt nicht mehr so viele Gedanken. Seit ich weiß, dass seine Gehirnzellen durchgeknallt sind, muss ich mir nicht andauernd die Frage stellen, was ich alles falsch mache.» Das legt den Gedanken nahe, ob man es sich mit solchen Erklärungen nicht tatsächlich zu einfach macht. Anders gefragt: Können sich Eltern entspannt zurücklehnen und die pubertäre Entwicklung ihres Jugendlichen dem Gehirn überlassen?

Die Antwort lautet: Nein! Und zwar aus zwei Gründen: Erstens haben Lebenserfahrungen und Alltagssituationen Rückwirkungen auf die Umstrukturierung des Gehirns. Das Gehirn siebt aus, welche Nervenverbindungen es benötigt und welche nicht. Es ist also nicht unerheblich, ob ein Jugendlicher Sport treibt, sich bildet, seine Talente entdeckt oder ob er vor dem Fernseher oder dem Computer vor sich hin döst. Das Gehirn ist formbar, im Guten wie im Schlechten. Seine Entwicklung ist vor allem auch abhängig von der Psyche und den Herausforderungen, die ein Heranwachsender in Gesellschaft und Familie zu bewältigen hat.

Zweitens liefert die Hirnforschung zwar wertvolle Erkenntnisse zu den Veränderungen in der Pubertät, aber sie drängt andere Erklärungsmodelle damit nicht in den Hintergrund. Eltern sind der Pubertät nicht hilflos ausgeliefert. Wir haben es bei der Pubertät mit einem hochkomplexen Geschehen zu tun, das auf neuronale und hormonelle Veränderungen, die Psyche des Jugendlichen inklusive seiner Biographie und – ganz wichtig – die Beziehung zu seinen Eltern zurückzuführen ist. Es kann gar nicht oft genug betont werden: An Ihnen als Eltern arbeitet sich Ihr Sohn ab, indem er rebelliert, idiotische Dinge tut, Wesentliches vergisst, Distanz schafft und zugleich Ihre Nähe sucht. Im Kontakt zu Ihnen lernt er, sich zu streiten und anschließend wieder zu versöhnen. Vor allem mit Ihrer geduldigen Begleitung und Unterstützung kann er irgendwann den Schritt ins Erwachsenenleben wagen.

Fazit: *Die Hirnforschung liefert wertvolle Erkenntnisse zum Verständnis der Pubertät. Dennoch spielt die Eltern-Kind-Beziehung für die psychische Entwicklung Ihres Sohnes die bedeutendste Rolle.*

6. Unser Sohn hat ADHS, was heißt das für die Pubertät?

Bei unserem Sohn (11) wurde vor einigen Jahren ADHS diagnostiziert. Bisher kommt er erfreulicherweise ohne Medikamente zurecht. Nun meinte unser Hausarzt kürzlich, dass die pubertätstypischen Probleme bei ADHS-Kindern deutlicher als bei anderen Gleichaltrigen zutage treten würden. Das versetzt uns etwas in Sorge. Womit müssen wir denn rechnen? Und wie können wir unseren Sohn bestmöglich unterstützen, damit er gut durch die Pubertät kommt?

Lassen Sie sich nicht beunruhigen! Es ist ein gutes Zeichen, dass Ihr Sohn bisher ohne Medikamente ausgekommen ist. Grundsätzlich aber stimme ich Ihrem Hausarzt zu: Es kann gut sein, dass die typischen Pubertätsprobleme wie Auflehnung, Jähzorn, Antriebslosigkeit oder eine egozentrische Sichtweise bei Jugendlichen mit ADHS stärker hervortreten. Häufig bildet sich die Hyperaktivität, von der meist Jungen betroffen sind, während der Pubertät zurück und verlagert sich nach innen, wird zu einer inneren Unruhe, einer inneren Getriebenheit, einem inneren Chaos. Jugendliche mit ADHS haben oft noch mehr als ihre Altersgenossen das Gefühl, nichts geregelt zu bekommen. Ich gebe jedoch zu bedenken, dass eine Diagnose wie ADHS und die Prognose über den Krankheitsverlauf immer auch die Gefahr einer sich selbst erfüllenden Prophezeiung bergen. Es sind die berühmten zwei Seiten einer Medaille: Zum einen ist es notwendig, Krankheitssymptome einer Diagnose – in diesem Fall ADHS – zuzuordnen, um gezielt und effektiv behandeln zu können. Nicht nur Eltern, auch Kinder sind häufig erleichtert, wenn die Verhaltensauffälligkeiten endlich einen Namen bekommen haben und eine Behandlung eingeleitet werden kann. Zum anderen besteht jedoch die Gefahr, dass Betroffene stigmatisiert und auf die Krankheit reduziert werden; dass alles, was sie denken, fühlen und tun, durch die ADHS-Brille gesehen wird. Manchmal identifizieren sich Kinder und Jugendliche so sehr mit dem Krankheitsbild, dass sie die Symptomatik unbewusst aufrechterhalten, um ihren eigenen Erwartungen und denen ihrer Umwelt zu entsprechen. Manche Jugendliche fühlen sich allein schon deshalb krank, minderwertig oder behindert, weil man bei ihnen ADHS diagnostiziert hat! Andere verschanzen sich hinter der ADHS-Diagnose, wollen Aufmerksamkeit erlangen oder versuchen, die Verantwortung für ihr Handeln an eine Krankheit zu delegieren.

Warten Sie ab, wie sich Ihr Sohn in seiner Pubertät entwickelt, denn jede Pubertät verläuft einzigartig, auch die von Jugendlichen mit ADHS. Denken Sie zuversichtlich über Ihren Sohn und versuchen Sie gezielt herauszufinden, was er von Ihnen braucht und wie Sie ihn unterstützen können.

- Entdecken Sie gemeinsam mit ihm, welche **Stärken** er hat. Kann er gut malen, singen, reden, schreiben, handwerken? Ist er besonders hilfsbereit, oder zeigt er einen starken Gerechtigkeitssinn? Unterstützen Sie sein Selbstwertgefühl, indem Sie gezielt seine Fähigkeiten und Hobbys fördern. Und vermeiden Sie jegliche Form von Druck!
- Achten Sie auf **klare Ansagen**, wenn sich Ihr Sohn inak-

zeptabel verhält, und fordern Sie die Einhaltung von Regeln in klaren Sätzen.

- Bestärken Sie Ihren Sohn, möglichst umfangreiche **Kontakte** zu Gleichaltrigen durch außerschulische Aktivitäten wie Sport oder den Beitritt zu einem Verein aufzunehmen. Das bindet ihn in ein soziales Netz ein und ermöglicht ihm wichtige Beziehungserfahrungen.
- **Sport** hat zudem den Vorteil, dass sich Ihr Sohn austoben und Aggressionen abbauen kann. Ermuntern Sie ihn zu Tischtennis, Fußball, Schwimmen, Joggen, Kampfsport etc.
- Schlagen Sie ihm vor, sich **professionelle Hilfe** zu suchen, wenn Sie das Gefühl haben, er schafft es alleine nicht.

Fazit: *Machen Sie sich keine Sorgen. Jede Pubertät verläuft einzigartig, auch die von Jugendlichen mit ADHS. Unterstützen Sie vor allem die Stärken Ihres Sohnes.*

ADHS – WAS IST DAS?

ADS ist die Abkürzung für Aufmerksamkeits-Defizit-Syndrom. Das H kommt hinzu, wenn zusätzlich Hyperaktivität festgestellt wird. AD(H)S-Kinder leiden unter stark verminderter Aufmerksamkeit, übersteigerter Impulsivität und Hyperaktivität. Sie sind zappelig, ungeduldig, verträumt, können sich schlecht konzentrieren und sind äußerst leicht ablenkbar; sie handeln, bevor sie denken, können sich nicht an Regeln halten und sind häufig in Streitereien verwickelt. Die Ursachen für ADHS sind vielfältig und nicht eindeutig geklärt. Man vermutet eine genetisch bedingte Störung des Hirnstoffwechsels, aber auch psychische und soziale Faktoren scheinen eine Rolle zu spielen. Da keine objektive Diagnostik zu ADHS existiert, ist man auf die subjektive Einschätzung des Arztes oder Psychotherapeuten angewiesen. Leider wird die Diagnose manchmal zu voreilig vergeben, und ADHS wird immer mehr zu einer Modekrankheit. Für Eltern ist die Verführung groß, durch eine Diagnose endlich eine Erklärung für das auffällige Verhalten des Kindes gefunden zu haben. Viele hoffen, das Problem durch Medikamente beseitigen zu können. Experten sind sich jedoch uneinig darüber, ob Medikamente überhaupt sinnvoll sind. Grundsätzlich ist es immer besser, ohne Medikamente auszukommen, weil man die langfristigen Folgen nicht kennt. Wenn das Kind jedoch nicht mehr zurechtkommt, zum Beispiel in der Schule, sollte man über die Einnahme von Medikamenten nachdenken. Manchmal ermöglichen Medikamente überhaupt erst das Einlassen der Betroffenen auf eine Psychotherapie.

7. Sollten Eltern sich in der Pubertät selbst hinterfragen?

Immer wieder höre ich, dass auch Eltern sich während der Pubertät ihrer Kinder selbst hinterfragen sollen. Mich nervt das eigentlich, denn letztendlich befindet sich mein Sohn in der Pubertät und nicht ich. Warum ist denn die Selbstreflexion so wichtig?

Über sich selbst als Elternteil nachzudenken ist deshalb so wichtig und sinnvoll, weil sich Jugendliche nicht losgelöst von ihren Eltern entwickeln, sondern *in Beziehung* zu ihnen. Sie als Eltern sind aktiv am Geschehen in der Pubertät beteiligt! Ich will Ihnen das anhand von drei Beispielen erläutern:

Beispiel «Eigene Kindheit»

Ein Ehepaar hatte mich zu einem Beratungsgespräch wegen Problemen bei der Erziehung ihres 13-jährigen Sohnes aufgesucht. Der Mann ärgerte sich, dass seine Frau zu nachsichtig sei und dem Jungen alles durchgehen lasse, während die Frau ihrem Mann vorwarf, zu streng zu sein und den Jungen mit überzogenen Erwartungen zu überfordern. Im Verlauf der Sitzung stellte sich heraus, dass die jeweilige Haltung der Eltern eine Geschichte hatte. Der Mann entstammte einem kühlen Elternhaus mit hohen Erwartungen. Sein Vater verlangte schulische Bestleistungen, und mein Klient hatte es dem Vater stets recht zu machen versucht, jedoch ohne Erfolg. Es reichte dem Vater nie. Während der Sitzung begriff mein Klient, dass er seinen Sohn mit ähnlich hohen Erwartungen überfrachtete wie damals der Vater ihn. Die Frau hingegen hatte als Jugendliche nie rebellieren können. Das Verhältnis zum Vater war ebenfalls von Kühle und Distanz geprägt, sodass sie gefürchtet hatte, den Vater ganz zu verlieren, wenn sie Widerspruch gewagt hätte. Die Mutter war ständig krank, sodass meine Klientin aus Rücksicht jede Form der Rebellion vermeiden musste. Insgeheim bewunderte sie ihren Sohn dafür, dass er mit seinem rebellischen Verhalten all das ausleben konnte, was ihr als Jugendliche verwehrt gewesen war. Besonders seine Aufsässigkeit ihrem Mann gegenüber spiegelte ihre eigenen Rebellionswünsche gegen den Vater. Als die Eltern begriffen, dass ihr Erziehungskonflikt in engem Zusammenhang zu ihrer Biographie stand, konnten sie sich nicht nur gegenseitig besser verstehen. Sie wussten nun auch, was sie verändern mussten: Der Mann musste seine überhöhten Erwartungen an den Sohn aufgeben und im Kontakt zu ihm weicher und fürsorglicher werden. Die Frau dagegen musste aufhören, ihren Sohn für sein rebellisches Verhalten zu bewundern, und es wagen, ihm mehr Grenzen zu setzen.

Wenn die eigenen Kinder zu pubertieren beginnen, gerät nicht nur bei Kindern, sondern auch bei Eltern eine ganze Menge in Bewegung. Jede Entwicklungsphase, die ein Kind durchlebt, sei es das Säuglingsalter, die Trotzphase, die Einschulung, die ausgehende Kindheit oder die Pubertät, reaktiviert bei Eltern – bewusst oder unbewusst – eigene Kindheitserfahrungen. Wenn mich Eltern zu einem Beratungsgespräch aufsuchen, erzählen sie oft von ihrer eigenen Pubertät, ohne dass ich danach frage. Die Gedanken und Erinnerungen kommen automatisch. «Wenn ich meine Tochter sehe», sagte eine Mutter, «dann ist es, als würde ich in den Spiegel blicken – und in meine eigene Vergangenheit. Das ständige Scheitern von Beziehungen, ach herrje, wie furchtbar das war. Ich kann es kaum ertragen, meine Tochter so leiden zu sehen.» All die Sehnsüchte, Ängste, Wut und Unsicherheiten, sogar sexuelle Wünsche können wieder an die Oberfläche gelangen. Ich kann gut verstehen, dass man sich als Mutter oder Vater nicht gerade darum reißt, solche vergessen geglaubten Emotionen wieder zu erleben, aber es führt kein Weg daran vorbei. Eines Tages erschien ein Vater zu einer Sitzung, dessen Sohn von Nachbarsjungen häufig verprügelt worden war. Er war von seinem Sohn gebeten worden, den Schlägern einen väterlichen Marsch zu blasen. Das Problem war nur: Der Vater hatte selbst als Jugendlicher viel einstecken müssen, und die Bitte des Sohnes holte all die eigenen Ängste wieder an die Oberfläche. Wie sollte er als Retter auftreten, wenn er selbst voller Angst war? «Ich kann mich nicht mit denen anlegen», sagte er erregt und fügte fast trotzig hinzu: «Und ich will es auch nicht! Mein Sohn kann mich nicht dazu zwingen!» Doch, er konnte. Der Vater musste sich irgendwie verhalten, wollte er nicht zulassen, dass sein Sohn zum Opfer von Gewalt wurde. Eltern sitzen mit im Boot, und es reicht nicht aus, der Steuermann oder die Steuerfrau zu sein. Sie müssen die Ruder schon selber mit in die Hand nehmen. Je bewusster wir uns unserer eigenen Pubertät sind, je besser wir unsere eigenen Gefühle verstehen, desto besser können wir mit der Pubertät des Sohnes und den aus ihr resultierenden Schwierigkeiten umgehen. Ein Vater, der einmal als Jugendlicher von seinem Lehrer geohrfeigt worden war, sagte zu mir: «Seit mein Sohn so häufig rebelliert, muss ich oft an meinen Lehrer denken, den ich nie ausstehen konnte. Gehasst hab ich den! Aber heute kann ich ihn verstehen. Ich weiß jetzt, wie er sich mit mir gefühlt hat. Er war hilflos!»

Beispiel «Loslassen»

Söhne lösen sich nicht im luftleeren Raum von ihren Eltern, sondern im Kontakt zu ihnen. Eltern gestalten die Ablösung aktiv mit, indem sie ihre Söhne gehen lassen müssen. Den meisten Eltern fällt nicht nur der räumliche Abschied schwer, auch das Aufgeben ihrer Rolle als Erziehende macht ihnen zu schaffen. Irgendwann ist der Sohn so erwachsen, dass er sich nicht mehr von seinen Eltern umsorgen lassen will – und es tatsächlich auch nicht mehr nötig hat. Viele Eltern entwickeln unbewusste Mechanismen, um den Heranwachsenden an sich zu binden. Zum Beispiel neigen manche Mütter dazu, sich ganz für die Kinder aufzuopfern. Sie haben keine eigenen Hobbys, keinen eigenen Freundeskreis und sind nur für die Familie da. Die Vorstellung, dass die Kinder irgendwann aus dem Haus sind, erzeugt bei ihnen große Angst, denn mit den Kindern verschwindet auch der Lebenssinn. Andere sehen in ihren Söhnen so etwas wie einen Partnerersatz. Gerade wenn die

Söhne reifer werden und sich zunehmend zu interessanten Gesprächspartnern entwickeln, kann die Verlockung, sie als gleichwertige Partner anzusehen, recht groß sein. Beides – Aufopferung und Partnerwünsche – erzeugt bei Heranwachsenden Schuldgefühle und macht es schwer, zu gehen. Wer will schon eine Mutter verlassen, der man zeitlebens dankbar sein muss oder die einen dringend braucht? Verstehen Sie mich nicht falsch: Es ist völlig in Ordnung, als Mutter Nähewünsche an den Sohn zu haben. Aber solche Wünsche sollten bewusst und reflektiert sein, damit Sie als Mutter nicht Gefahr laufen, tatsächlich zu klammern. Väter binden ihre Söhne häufig durch mangelndes Zutrauen und hohe Leistungserwartungen. Sie haben weniger die Stärken ihrer Söhne als vielmehr deren Schwächen im Blick, die sie dem Sohn immer wieder vor Augen halten. Dahinter steckt oft der unbewusste Wunsch, den Sohn klein zu halten, denn viele Väter fürchten die Ablösung ihrer Söhne. Auch übermäßige Sorgen können Heranwachsende klein machen, denn auf diese Weise signalisiert man ihnen, dass sie nicht in der Lage sind, ohne die Eltern zurechtzukommen. Solche elterlichen Bindungsmechanismen sind allesamt normal und eine nachvollziehbare Reaktion auf die Ängste vieler Eltern, die Kinder zu verlieren. Doch wie schon erwähnt: Eltern sollten sich ihrer Mechanismen bewusst sein, damit sie ihren Söhnen keine Stolpersteine für ihre Ablösung in den Weg zu legen.

Beispiel «Älterwerden»

Jugendliche befinden sich in einer anderen Lebensphase als ihre Eltern, die ihre Wechseljahre erleben oder zumindest kurz davor sind. Der Körper macht nicht mehr so mit, wie er soll, die Attraktivität vermindert sich, die sexuelle Leistungskraft nimmt ab, und auch beruflich sind die Weichen in der Regel gestellt; mit 50 wagt kaum noch jemand Experimente. Jugendliche hingegen stehen am Anfang ihres Lebens und haben noch genügend Zeit und Energie, ihre Träume zu verwirklichen. Das kann bei Eltern – je nachdem, wie das eigene Leben bisher verlaufen ist – Gefühle von Sehnsucht und Neid wecken. Eine Mutter sagte einmal unter Tränen: «Es ist so traurig, mit anzusehen, wie mein Sohn eine Freundin nach der anderen anschleppt, während ich das Thema Liebe längst abgehakt habe.» Ein Vater litt darunter, dass er seinem Sohn in sportlicher Hinsicht unterlegen war. Seine Frau sagte während eines Elterngespräches: «Mein Mann will nicht wahrhaben, dass er beim Wandern oder Joggen nicht mehr mit unserem Ältesten mithalten kann. Er schnauft sich einen ab, bloß um nicht hinterher zu sein.» Gerade auch Vätern, die ihr Mannsein über sexuelle Leistung definiert haben, kann die sexuelle Leistungskraft des testosterongeschwängerten Sohnes zu schaffen machen. Doch Gefühle von Sehnsucht und Neid sind nichts Verwerfliches – solange Eltern ihre heranwachsenden Kinder damit nicht belasten. Eltern sollten darauf achten, dass sie ihre Söhne nicht entwerten, nur weil sie etwas ausleben, das den Eltern verwehrt ist. Viele überhäufen ihre Söhne auch mit Wünschen und Träumen, die sie selbst nicht verwirklichen konnten. Manchmal soll der Sohn beruflich einen Weg einschlagen, den sich die Eltern immer erträumt haben, oder er soll eine Partnerin wählen, die mehr den Erwartungen der Eltern entspricht als den Bedürfnissen des Sohnes. Gestehen Sie sich zu, dass es nicht leicht ist, im Spiegel der Jugend älter zu werden. Heranwachsende konfrontieren Eltern immer auch mit nicht gelebten oder nicht mehr zu lebenden Träumen. Aber lassen Sie Ihren Sohn seinen eigenen Weg gehen.

Fazit: *Jugendliche zwingen Eltern immer auch zur Auseinandersetzung mit sich selbst. Selbstreflexion hilft Ihnen, sich selbst und damit auch Ihren Sohn besser zu verstehen.*

PUBERTÄTSSPEZIFISCHES VERHALTEN

8. **Unser Sohn unterliegt raschen Stimmungswechseln, kann man dabei helfen?**

Die Launen unseres 16-jährigen Sohnes unterliegen zurzeit heftigen Schwankungen. Mal ist er total aufgedreht und fröhlich, mal ein regelrechter «Stinkstiefel», mal zu Tode betrübt. Was können die Ursachen sein?

Häufig haben Stimmungsschwankungen etwas mit der Pubertät zu tun. Jan (16) zum Beispiel sagte während einer Beratungssitzung: «Meistens bin ich ziemlich mies drauf, aber manchmal auch genau das Gegenteil. Dieses ständige Auf und Ab nervt total. Warum kann mein Leben nicht gleichmäßiger verlaufen?» Niklas (15) machte ähnliche Erfahrungen: «Manchmal hab ich für kurze Zeit super Laune und finde das Leben megageil, dann bin ich wieder voll depri, denke über den Sinn von allem nach, kann mich zu nichts aufraffen und bin traurig, einfach so. In der Schule haben wir mal über Identität gesprochen, die man als Jugendlicher noch nicht so für sich gefunden hat. Also auf mich trifft das voll zu.»

In der Tat spielt die Suche nach Identität eine beträchtliche Rolle. Sie kann extreme Stimmungsschwankungen auslösen, die sich von Lebenslust und narzisstischen Höhenflügen im Sinne von «Mir gehört die Welt!» bis hin zu Niedergeschlagenheit, Ängsten und einem Ohnmachtsgefühl dem Leben gegenüber erstrecken können. Der deutsch-amerikanische Psychoanalytiker Erik Erikson bezeichnete die Pole an den Enden dieses Spannungsfeldes als Identität und Identitätsdiffusion. Auf der Suche nach Identität fühlen sich Jugendliche selbstbewusst, stark und authentisch, laufen aber immer auch Gefahr, den Boden unter den Füßen zu verlieren. Was Jugendliche dann von Eltern brauchen, ist ein Regulativ, jemand, der ihnen liebevoll spiegelt, wo ihre Fähigkeiten und Talente liegen, aber auch, was ihre Schwächen sind. Rückmeldungen helfen bei der Bildung von Identität. Schulnoten, Anerkennung in der Clique, erste Liebeserfahrungen, aber auch Kritik und Wertschätzung der Eltern vermitteln Jugendlichen ein Bild von sich selbst. Auch wenn es sich die meisten Jungs nicht gerne anmerken lassen, aber die Meinung der Eltern wiegt viel.

Eltern neigen manchmal dazu, ihrem Sohn zu wenig zuzutrauen und vor allem auf die Schwächen zu schauen. Die Schule, die er nicht schafft, der Computer, vor dem er ständig hockt, das Chaos, das er nicht geregelt bekommt, die Regeln, an die er sich nicht hält. Viele Eltern haben hohe Erwartungen an ihre Söhne und sind enttäuscht, wenn sie diesen Erwartungen nicht entsprechen. Doch hohe Erwartungen produzieren Gegenwehr und Distanz. Eine Identität aufzubauen heißt, sich selbst differenziert kennenzulernen. Versuchen Sie, sich von Ihren Erwartungen zu lösen, und finden Sie gemeinsam mit Ihrem Sohn heraus, was für ein Mensch er ist, was er gut kann, in welchen Bereichen er Unterstützung benötigt und wo seine Grenzen liegen.

Fazit: *Stimmungsschwankungen sind vor allem auf Selbstwertkrisen in der Pubertät zurückzuführen. Helfen Sie Ihrem Sohn auf der Suche nach seiner Identität, indem Sie ihm eine Rückmeldung über seine Stärken und Schwächen geben.*

9. Unser Sohn ist spätabends topfit und morgens oft müde

Fast täglich streiten wir uns mit unserem Sohn (15), weil er noch aufbleiben will. Er ist tatsächlich spätabends noch topfit, kommt aber am nächsten Morgen nicht aus dem Bett. Ich habe gelesen, dass das etwas mit hormonellen Veränderungen in der Pubertät zu tun haben soll. Aber wir können ihm doch nicht erlauben, so lange wach zu bleiben, wie es ihm passt?

Das lange Aufbleiben Jugendlicher hat tatsächlich eine körperliche Ursache: Während der Pubertät produziert die Zirbeldrüse im Gehirn das müde machende Hormon Melatonin mit einer täglichen Verzögerung von bis zu zwei Stunden. Wenn Eltern also bei den «Tagesthemen» längst weggedöst sind, fühlen sich Heranwachsende oft noch topfit. Leider baut sich das Melatonin am nächsten Morgen auch mit der gleichen Verspätung ab, sodass Jugendliche dann vor Müdigkeit kaum aus dem Bett kommen. Der Tag-Nacht-Rhythmus gerät durcheinander. Um dem Rechnung zu tragen, diskutiert man bereits an einigen Schulen, den Unterricht eine Stunde später beginnen und enden zu lassen. Häufig aber sind es die Jugendlichen selbst, die dies nicht wollen, weil sie dann eine Stunde von ihrem freien Rest-Tag verlieren würden.

Wenn Sie sich täglich wegen des Zubettgehens mit Ihrem Sohn streiten, dann befinden Sie sich bereits in einem zähen Machtkampf. Vielleicht hilft es, den Fokus zu verschieben: Entscheidend ist ja nicht, wann er ins Bett geht. Entscheidend ist, ob er den Tag einigermaßen wach übersteht oder aber so unausgeschlafen ist, dass er dem Unterricht kaum folgen kann. Wenn er seinen Schulpflichten konzentriert nachkommt, können Sie darauf vertrauen, dass er seinen Tag-Nacht-Rhythmus im Griff hat. Ist dies nicht der Fall, sollten Sie mit ihm eine Schlafenszeit vereinbaren, die die hormonell bedingte Müdigkeitsverzögerung berücksichtigt. Ansonsten behelfen sich viele Schüler auch damit, nach der Schule einen kurzen, nicht länger als 30-minütigen Mittagsschlaf zu halten, der ihnen wieder Energie für den restlichen Tag gibt und zudem den Vorteil hat, dass sich das Gelernte besser setzen kann.

Fazit: *In der Pubertät bringt das Hormon Melatonin den Tag-Nacht-Rhythmus durcheinander. Achten Sie darauf, dass Ihr Sohn seinen schulischen Pflichten konzentriert nachkommen kann, ansonsten vereinbaren Sie mit ihm eine Zubettgehzeit.*

10. Warum läuft plötzlich alles nur noch im Zeitlupentempo ab?

Bei meinem Sohn (14) spielt sich das Leben neuerdings in Zeitlupe ab. Egal, ob er sich im Badezimmer aufhält oder seine Hausaufgaben machen soll: Man nimmt sich für alles sehr, sehr viel Zeit. Haben Sie eine Erklärung dafür?

Trödeln, verträumt sein und sich «sehr, sehr viel Zeit» nehmen sind Begleiterscheinungen der Pubertät. Sie schreiben ja auch «neuerdings», also scheint Ihr Sohn in jüngeren Jahren über ein lebhafteres Temperament verfügt zu haben.

Meistens drückt Trödeln eine Mischung aus Widerstand, Provokation und Motivationslosigkeit aus. Man findet die Eltern blöd, hat keine Lust auf alles Mögliche und ist innerlich mit der Frage beschäftigt: «Was ist eigentlich los in meinem Leben?», und: «Wieso fühlt sich das alles so bescheuert an?» Dieser Frust verschafft sich ein Ventil: Termine verschludern, den Eltern in großer Entfernung hinterhertrödeln, Anordnungen im Schneckentempo ausführen oder sich in Zeitlupe zu den Hausaufgaben niederlassen. Die Mutter eines 14-Jährigen sagte in einem Elterngespräch: «Neulich mussten wir eine Sporthose für ihn kaufen, die er am nächsten Tag für die Schule brauchte und unbedingt haben wollte. Wir hatten nicht viel Zeit, weil die Geschäfte bald zumachten. Während ich wie eine Irre durch die Fußgängerzone gerannt bin, schlurfte mein Sohn in hundert Metern Abstand hinterher. Ich hatte das Gefühl, einen Betonklotz hinter mir herzuziehen! Dabei ging es um *seine* Hose.» Eine andere Mutter sagte: «Mein Sohn macht aus allem eine Lebensaufgabe. Ob es darum geht, die Socken glattzuziehen, bevor er sie in die Wäsche wirft, oder die Spülmaschine auszuräumen. Inzwischen habe ich mir angewöhnt zu sagen: ‹Lieber Basti, ich würde gerne ein neues Projekt in Auftrag geben: Würdest du bitte dein T-Shirt, das auf dem Sofa liegt, in dein Zimmer bringen?›»

Warum soll man sich beeilen, wenn Eltern, Lehrer und alle anderen Druck ausüben? Man will das Tempo selbst bestimmen, und wenn es zwei Tage dauert, bis die Socken entkrempelt sind. Sollen die Eltern doch sehen, was sie davon haben, so dämliche Anordnungen zu erteilen!

Zeitlupentempo und passiver Widerstand gehören zur Pubertät wie fettige Haare und Mitesser. Sie sind ein unterschwelliges Auflehnen gegen Autoritäten und Druck und gehören damit zum Selbstfindungsprozess. Wenn Sie fordern und antreiben, bieten Sie Ihrem Sohn eine wichtige Reibungsfläche, denn auf einer unbewussten Ebene will er sich ja an Ihnen abkämpfen. Insofern bleibt Ihnen nicht viel übrig, als sich gemeinsam mit Ihrem Sohn durch diese Phase hindurchzubeißen.

Fazit: *Trödeln ist ein Ausdruck passiven Widerstands. Nehmen Sie es gelassen, bieten Sie sich aber auch immer wieder als Reibungsfläche an, indem Sie immer mal wieder Druck ausüben.*

11. Unser Sohn lebt im Schweinestall

Unser Sohn (16) weigert sich, sein Zimmer aufzuräumen. Es sieht im wahrsten Sinne des Wortes aus wie ein Schweinestall. Mein Mann und ich sind völlig ratlos. Wie können wir ihn dazu bringen, Ordnung zu halten?

Nur wenige Pubertätskonflikte erhitzen Eltern mehr als die «Schweineställe» ihrer Söhne. Kein Wunder: Das, was sich in so manchen Jugendzimmern abspielt, widerspricht vollkommen unserer erwachsenen Ästhetik. Damit meine ich nicht nur Pizzareste und verschimmelte Wurstbrote, man fragt sich auch fassungslos, wie der Heranwachsende in einem solchen Chaos etwas wiederfinden, geschweige denn überleben kann. Jugendliche haben einen anderen Maßstab, was Ordnung und Sauberkeit betrifft, ja, es scheint fast, als spiegele der Zustand des Zimmers den inneren Zustand des Jugendlichen. So chaotisch es oft in jugendlichen vier Wänden aussieht, so verwirrend fühlt es sich an, in der Pubertät zu sein. Sorgfältig zusammengelegte T-Shirts und penibel sortierte CDs passen eben nicht zu einem Umbruch, der den Körper, die Psyche und die Beziehung zu den Eltern umfasst.

Wenn Sie Ihren Sohn dazu bringen wollen, Ordnung zu halten, dann laufen Sie immer auch Gefahr, sich in einen Machtkampf zu verstricken, denn Ihr Sohn hat nicht denselben Blick wie Sie. Sein anderes Ordnungsempfinden ermöglicht es ihm, sich in seinem Zimmer wohlzufühlen. Überlassen Sie Ihrem

Sohn selbst die Entscheidung, wie er sein Zimmer gestalten will. So vermeiden Sie Streit. Gleichzeitig verhelfen Sie dem pubertären Chaos zu einem Ventil. Wenn schon die Schule ein hohes Maß an Struktur und Disziplin verlangt, so sollte sich die Pubertät wenigstens im eigenen Zimmer austoben dürfen. Andererseits kann ein vernachlässigtes Zimmer auch Auswirkungen auf die gesamte Familie haben. Wenn Geschirr fehlt, weil Ihr Sohn es im Zimmer verschmutzt liegen lässt, wenn Ungeziefer unter seiner Zimmertür hervorkrabbelt oder wenn seltsame Gerüche die Wohnung einhüllen, dann ist es nicht mehr nur die Angelegenheit des Sohnes, wie er mit seinem Zimmer verfährt. Heranwachsende sollten sich auch soziale Kompetenz aneignen und lernen, ihre Umwelt und die Bedürfnisse ihrer Mitmenschen wahrzunehmen. Beschränken Sie Ihre Forderung nach Ordnung auf jene Aspekte, von denen Sie selbst und die Familie betroffen sind. Damit stärken Sie Ihre eigene Position, weil Sie sich auf Ihre eigene Betroffenheit berufen können. Moralische Appelle im Sinne von «Du musst lernen, Ordnung zu halten» erreichen Jugendliche meistens nicht.

Fazit: *Chaotische Zimmer sind der Spiegel eines inneren Chaos in der Pubertät. Überlassen Sie es Ihrem Sohn, ob er sein Zimmer aufräumt. Greifen Sie nur ein, wenn die Unordnung Auswirkungen auf die Familie hat.*

12. Wie kritisiert man eine Mimose?

Sie ermuntern Eltern, Konflikte mit den Söhnen anzugehen und auszutragen. Wie soll das denn gehen, wenn man eine Mimose zum Sohn hat? Seit unser Sohn (14) in der Pubertät ist, geht er bei der kleinsten Kritik ab wie eine Rakete und ist dann unerreichbar!

Die Kränkbarkeit vieler Heranwachsender ist ein Ausdruck von Selbstunsicherheit bei der Suche nach Identität. Um Kritik annehmen und aushalten zu können, bedarf es eines Bewusstseins der eigenen Stärken und Schwächen. Heranwachsende sind oft erst im Begriff, sich dieses anzueignen. Die kleinste Kritik kann ein Gefühl des Scheiterns und Versagens auslösen, das Ärger und Wutausbrüche zur Folge hat. Dass Ihr Sohn abgeht wie eine Rakete, zeigt nur, wie sehr er sich in seinem noch unklaren Selbstkonzept bedroht fühlt. Dennoch ist es wichtig, Kritik zu äußern, denn dadurch verhelfen Sie ihm zu einer besseren Einschätzung seiner selbst. Allerdings sollten Sie einige Grundregeln beachten, um die Verletzungsgefühle Ihres Sohnes ein wenig abzumildern:

- Achten Sie darauf, dass Ihre Kritik konstruktiv bleibt. Kritisieren Sie ihn nicht in seiner gesamten Persönlichkeit («Du bist unmöglich!» oder «Aus dir wird nie was, wenn du so weitermachst!»), sondern bleiben Sie beim aktuellen Konflikt (das Zimmer verschmutzt, nicht wie verabredet den Tisch abgeräumt usw.). Und nennen Sie ihn bitte niemals in seiner Gegenwart «Mimose»!
- Verwenden Sie Ich-Botschaften. «Ich mache mir Sorgen, wenn du so spät nach Hause kommst» oder «Wir hatten doch vereinbart, dass du erst deine Hausaufgaben machst, bevor du rausgehst» klingt anders als «Immer kommst du zu spät!» oder «Nie machst du deine Hausaufgaben!».
- Vermeiden Sie Vorträge oder moralische Belehrungen. Dies führt in aller Regel dazu, dass sich Jugendliche verschließen und dann tatsächlich nicht mehr erreichbar sind.

- Hören Sie zu, was Ihr Sohn zu sagen hat, lassen Sie ihn ausreden und fassen Sie zusammen, wie Sie seinen Standpunkt verstehen.
- Wenn er aufbraust, warten Sie ab, bis er sich wieder beruhigt hat, und suchen Sie anschließend in aller Ruhe ein erneutes Gespräch.
- Achten Sie darauf, dass Lob und Anerkennung nicht zu kurz kommen. Es darf auch ruhig ein bisschen mehr sein.

Fazit: *Kritik hilft, sich besser kennenzulernen. Lassen Sie sich von der Kränkbarkeit Ihres Sohnes nicht abschrecken. Aber achten Sie darauf, dass Ihre Kritik konstruktiv ist.*

JUNGEN UND IHR KÖRPER

13. **Kann die Pubertät schon mit neun Jahren beginnen?**
*Bei unserem neunjährigen Sohn zeigen sich erste Puber-
tätserscheinungen. Er bekommt Schamhaare, schießt körperlich
in die Höhe und wird zunehmend rebellisch. Unser Hausarzt
meinte, er sei eben ein Frühstarter. Warum pubertieren Jugendliche heute so früh, und was müssen wir als Eltern dabei bedenken?*

Es ist tatsächlich so, dass Jugendliche heutzutage tendenziell
früher in die Pubertät kommen als noch ihre Eltern- oder Groß-
elterngenerationen, wobei Mädchen vier- bis fünfmal so häufig
betroffen sind wie Jungen. Über die Gründe lässt sich nur spe-
kulieren. Man vermutet, eine bessere medizinische Versorgung
und eine gesündere Ernährung sorgen dafür, dass Jugendliche
immer früher den Beginn der Pubertät erreichen. Einen Einfluss hat möglicherweise auch die frühe Konfrontation mit Sexualität in Fernsehserien, Kinofilmen und Computerspielen,
sodass Kinder heute im Vergleich zu früheren Generationen
auch psychisch schneller heranreifen. Von einer verfrühten
Pubertät (Pubertas praecox) spricht man, wenn Mädchen vor
dem achten und Jungen vor dem zehnten Lebensjahr erste Pubertätsanzeichen zeigen. Grundsätzlich aber gilt: Jede Pubertät
hat ihr eigenes Tempo. Einige Jugendlichen starten früh, andere spät, und viele sind «on time». Manchmal ist eine verfrühte
Pubertät auch familiär bedingt, indem bereits die Eltern früh

in die Pubertät gekommen sind, ohne dass man hierfür eine Ursache feststellen konnte.

Als Eltern sollten Sie im Blick behalten, wie Ihr Sohn mit seiner Entwicklung zurechtkommt. Frühpubertierende Jungen werden häufig wegen ihrer zunehmenden Größe und Körperkraft von ihren Mitschülern anerkannt, bewundert und oft auch zu Anführern in ihrer Klasse auserkoren. Dies kann sich positiv auf das Selbstwertgefühl auswirken. Möglicherweise befindet sich Ihr Sohn aber auch in einem Spannungsfeld zwischen einem rasch erwachsen werdenden Körper und der geistigen und psychischen Entwicklung eines neunjährigen Kindes. Weder kann er sich in die Welt der Erwachsenen einordnen, noch fühlt er sich als Kind. Es ist ohnehin eine Herausforderung für Heranwachsende, diese Spannung auszuhalten, aber Frühpubertierende sind durch ihr junges Alter noch verwirrter und verunsicherter. Manche suchen sich ältere Freunde, weil sie sich Gleichaltrigen überlegen oder nicht mehr zugehörig fühlen. Auch besteht ein gewisses Risiko, früher mit Rauchen und Alkoholtrinken anzufangen. Speziell Jungen neigen dazu, sich ihre Unsicherheit nicht anmerken zu lassen, sondern diese mit Kraft, Größe und Stärke zu kompensieren.

Sprechen Sie mit Ihrem Sohn darüber, wie es sich anfühlt, in der Pubertät zu sein. Signalisieren Sie ihm, dass Sie seine innere Konfusion verstehen können. Ermuntern Sie ihn, mit Ihnen über seine Sorgen und Ängste zu sprechen: Wie kommt er mit seinen Mitschülern klar? Fühlt er sich anerkannt oder manchmal auch isoliert oder unter Druck? Wünscht er sich an manchen Tagen, wieder ein Kind zu sein? Was bedeutet es, erwachsen zu sein, welche Hoffnungen, Wünsche und Ängste verbindet er damit?

Klären Sie Ihren Sohn über die wichtigsten körperlichen Veränderungen auf, damit er sich von seiner Entwicklung nicht überrollt fühlt. Auch Sexualität und Verhütung sollten besprochen werden, denn Frühpubertierende haben tendenziell früher eine erste Freundin und machen früher erste sexuelle Erfahrungen als ihre gleichaltrigen Freunde.

Fazit: *Man weiß nicht genau, warum Jugendliche heutzutage früher pubertieren. Bleiben Sie gelassen, wenn Ihr Sohn schon mit 9 Jahren in die Pubertät kommt. Klären Sie ihn rechtzeitig auf, damit er die Veränderungen besser einordnen kann.*

ÜBERBLICK: SO VERÄNDERT SICH DER MÄNNLICHE KÖRPER IN DER PUBERTÄT

Zwischen dem 11. und 17. Lebensjahr vollziehen sich die größten körperlichen Veränderungen. Doch Vorsicht: Jede Pubertät verläuft einzigartig. Nehmen Sie diesen Überblick als Orientierung, nicht als Gesetz.

- Bei Jungen werden die meisten körperlichen Veränderungen durch das männliche Geschlechtshormon **Testosteron** ausgelöst.
- Zwischen dem 14. und 16. Lebensjahr beginnt der **Bartwuchs** an Oberlippe, Kinn, Hals und Wangen. Auch die **Körperbehaarung** setzt jetzt ein. Aber: Viele Jungen und Männer haben weder Bart- noch Brust- oder Rückenhaare.
- Die **Achselhaare** entwickeln sich etwa zwei Jahre nach dem Wachstum der Schamhaare zwischen dem 13. und 16. Lebensjahr.
- Der **Stimmbruch** erfolgt etwa mit dem 15. Lebensjahr.

Kehlkopf und Adamsapfel bilden sich aus. Die Stimme kann heiser werden und weniger belastbar.

- **Wachstumsgeschwindigkeit**: Zwischen 12 und 16 Jahren wächst der Körper um bis zu zehn Zentimeter pro Jahr. Die Muskelzellen verdoppeln sich, der Brustumfang nimmt stark zu. Erst mit etwa 19 Jahren ist das Längenwachstum abgeschlossen.
- **Busen**: Auch Jungen können einen Busen bekommen, manche sogar zwei! Man nennt das «Pubertätsgynäkomastie». Etwa die Hälfte aller Jungen ist davon betroffen. Weil der Körper so viel männliches Testosteron produziert, wandelt er einen Teil davon in das weibliche Östrogen um. Keine Sorge: Am Ende der Pubertät beruhigt sich der Hormonspiegel – und die Brüste verschwinden wieder.
- Zwischen dem 9. und 15. Lebensjahr kann es zur **ersten Ejakulation** kommen. Der Durchschnitt liegt zwischen dem 12. und 14. Lebensjahr.
- Zwischen dem 10. und 15. Lebensjahr entwickelt sich die **Schambehaarung**. Sie ist oft das erste Anzeichen der Pubertät.
- **Geschlechtsorgane**: Zwischen 11 und 15 Jahren beginnen die Hoden zu wachsen. Meistens hängt ein Hoden tiefer als der andere. Zeitgleich wächst auch der Penis, der zwischen 16 und 18 Jahren ausgewachsen ist.

14. Ist es in Ordnung, wenn unser Sohn mit 15 noch keine körperlichen Veränderungen zeigt?

Unser Sohn weist mit 15 Jahren noch keinerlei Pubertätsanzeichen auf. Meine Frau und ich haben den Eindruck, als würde er sehr darunter leiden, aber wir wissen nicht, wie wir das mit ihm thematisieren sollen, ohne seine Intimsphäre zu verletzen. Von einem Arztbesuch haben wir bisher abgesehen, weil wir ihn nicht unnötig verunsichern wollen.

Ihr Sohn ist ein Spätentwickler. Aus Untersuchungen weiß man, dass Jugendliche mit einer verzögerten Pubertät (Pubertas tarda) ein internalisiertes Problemverhalten zeigen, also zum Rückzug neigen und versuchen, ihre Sorgen und Nöte mit sich selbst zu verarbeiten, statt sie offen anzusprechen. Vor allem Jungen fühlen sich schnell ausgegrenzt, wenn die unter Gleichaltrigen hoch angesehenen männlichen Körpermerkmale wie Zunahme an Muskelkraft, Bartwuchs oder tiefere Stimme fehlen. Insofern ist es gut möglich, dass Ihr Sohn unter seiner verzögerten Entwicklung leidet. Es ist für Jugendliche wichtig, normal zu sein und sich bei Gleichaltrigen zugehörig zu fühlen, denn das verhilft bei all der pubertären Verwirrung und Verunsicherung zu mehr Stabilität. Wer normal ist und dazugehört, kann nicht «falsch» sein. Jugendliche, die sich ausgeschlossen oder «unnormal» fühlen, glauben oft, selbst an ihrer Situation schuld zu sein, und verfallen in eine depressive Grundstimmung. Manche versuchen, ihr Unterlegenheitsgefühl durch Mutproben wettzumachen und sich so die Anerkennung ihrer gleichaltrigen Freunde zu sichern. Oder sie kompensieren ihre Sorgen mit Zigaretten und Alkohol. Auch Eltern von Spätentwicklern tragen manchmal zur Verunsicherung bei, indem sie sich vom kindlichen Aussehen des Sohnes blenden lassen und ihn tatsächlich wie ein Kind behandeln – ihn schonen, ihm wenig zutrauen, ihm weniger erlauben. Oft sind die Eltern von Spätentwicklern selbst erst spät in die Pubertät gekommen.

Ich kann gut verstehen, dass Sie nicht einfach mit Ihrem Sohn über seine Entwicklungsverzögerung sprechen möchten, denn dadurch könnte er sich unter Druck gesetzt fühlen. Vielleicht sollten Sie stattdessen versuchen, mit ihm über sein grundsätzliches Befinden ins Gespräch zu kommen. Fühlt er sich in Beziehungen eingebunden? Hat er Freunde, ist er unter seinen Mitschülern anerkannt? Wie verbringt er seine Freizeit, hat er Hobbys, treibt er Sport?

Was die medizinische Seite betrifft: Grundsätzlich ist es immer ratsam, einen Arzt aufzusuchen, wenn Sie sich Sorgen machen, Ihr Sohn würde sich in körperlicher Hinsicht nicht altersgerecht entwickeln. Doch bedenken Sie: Ein Arztbesuch könnte Ihren Sohn verunsichern. Vielleicht sollten Sie noch ein paar Monate abwarten. Wenn er mit 16 noch immer keine Pubertätsanzeichen zeigt, ist es früh genug, einen Arzt zu konsultieren. Eine andere Möglichkeit wäre auch, dass Sie sich ohne Ihren Sohn von einem Facharzt beraten lassen.

Fazit: *Geben Sie Ihrem Sohn Zeit, sich zu entwickeln. Versuchen Sie herauszufinden, was ihn beschäftigt, ohne die verzögerte Pubertät direkt anzusprechen. Ein Arztbesuch könnte ihn noch mehr verunsichern.*

15. Mein Sohn ist ungepflegt

Ich lasse meinem Sohn (15) sehr viele Freiheiten und bin bisher ganz gut damit gefahren. Nun meint er aber plötzlich, seine Haare wachsen lassen zu müssen. Ich habe zwar nichts gegen längere Haare, aber bei meinem Sohn sind sie ständig fettig. Außerdem riecht er unter den Achseln und reinigt seine Fingernägel nicht. Er wirkt einfach nur noch ungepflegt. Obwohl ich ihn ständig auffordere, mehr auf die Körperpflege zu achten und zum Friseur zu gehen, denkt er nicht daran. Bin ich zu nach-

giebig? Soll ich ihm sein liebstes Hobby, das Skaten, verbieten, wenn er sich nicht bessert?

Nein, das Skaten sollten Sie ihm auf keinen Fall verbieten, denn mangelnde Körperhygiene und Skaten haben nichts miteinander zu tun. Eine Strafe sollte mit dem zu bestrafenden Verhalten in Verbindung stehen, sonst ergibt sie keinen Sinn.

Ihr Sohn will mit seinen langen Haaren vermutlich demonstrieren, dass er sich der Gruppe der Skater zugehörig fühlt. Das sollten Sie respektieren, denn eine Gruppenzugehörigkeit verhilft zu einer eigenen, elternunabhängigen Identität («Ich bin ein Skater!»). Lassen Sie ihn selbst entscheiden, wie er sein Äußeres gestalten will, auch wenn es Ihrer Ästhetik widerspricht. Auf diese Weise signalisieren Sie ihm, dass er sich unabhängig von Ihren mütterlichen Vorstellungen und Erwartungen positionieren und entwickeln darf.

Dennoch kann ich gut verstehen, dass Sie sein ungepflegtes Äußeres stört. Nicht nur die Jugendlichen selbst, auch Eltern müssen sich auf die körperlichen Veränderungen ihrer pubertierenden Söhne umstellen. Kinder schwitzen nicht so stark wie Jugendliche, auch riecht der kindliche Schweiß kaum. In der Pubertät dagegen beginnen Drüsen in den Achselhöhlen und im Genitalbereich neben Wasser und Salz vermehrt auch Fette, Proteine und Aminosäuren auszuscheiden. Durch den bakteriellen Abbau dieser Ausscheidungen entsteht der typisch muffelige Schweißgeruch, der bei Jugendlichen durch die hormonell bedingte Überfunktion der Schweißdrüsen verstärkt werden kann. Auch geraten Jugendliche besonders häufig in psychische Stresssituationen, die sie im wahrsten Sinne des Wortes «ins Schwitzen» bringen. Schweiß jedoch, der durch Aufregung, Angst und Stress entsteht, riecht unangenehmer als solcher nach einer körperlichen Anstrengung. Auch fettige Haare und unreine Haut sind auf die hormonelle Umstellung zurückzuführen. Das männliche Hormon Testosteron bringt die Talgdrüsen zu vermehrter Fettproduktion, sodass vor allem Jungen von Pickeln und fettigen Haaren heimgesucht werden.

Für Eltern sind diese körperlichen Veränderungsprozesse irritierend, für die betroffenen Jugendlichen sind sie schwer zu ertragen. Gerade in einer Lebensphase, in der Sexualität und die Sehnsucht nach Liebe und Zärtlichkeit einen hohen Stellenwert bekommen, «zickt» der Körper herum. Statt mitzuspielen und sich möglichst vorteilhaft zu präsentieren, produziert er Pickel, Achselgeruch und fettiges Haar. Kein Wunder, dass viele Jugendliche ein distanziertes Verhältnis zu ihrem Körper aufbauen. Während sich die einen mit penibler Körperpflege und allerhand Parfüm ins Zeug legen, lassen sich die anderen gehen. Warum soll sich Ihr Sohn seine Fingernägel pflegen, wenn der Körper ja doch macht, was er will? Mangelnde Körperhygiene spiegelt oft auch einen jugendlichen Widerstand gegen den eigenen Körper und die gesellschaftlichen Erwartungen nach körperlicher Schönheit und Perfektion.

Eltern tendieren dazu, sich von der ungepflegten Erscheinung ihrer Söhne herausfordern zu lassen. Ich höre oft Sätze wie «Er muss doch auf Körperhygiene achten!» oder «Wie soll er ein Mädchen kennenlernen, wenn er sich nicht wäscht?». Doch je mehr Sie insistieren, desto weniger erreichen Sie ihn. Erkennen Sie stattdessen an, dass Ihr Sohn mit seinem Körper eine schwierige Zeit durchlebt. Sagen Sie ihm, dass er riecht oder dass seine Haare gewaschen werden müssen, aber üben Sie keinen Druck aus. Sie sollten eine bessere Hygiene nur einfordern, wenn Sie persönlich betroffen sind, indem er Ihnen zum Beispiel mit schmutzigen Fingernägeln beim Kochen zur

Hand gehen will. Geben Sie Tipps, aber halten Sie sich zurück, wenn Ihr Sohn Ihre Ratschläge nicht annehmen will. Spätestens wenn er sich das erste Mal verliebt, wird er schlagartig anders mit seinem Körper umgehen.

Fazit: *Helfen Sie Ihrem Sohn, mit Schweiß- und Geruchsproblemen umzugehen, aber üben Sie möglichst wenig Druck aus.*

WAS IHR SOHN GEGEN SCHWEISSGERUCH UND FETTIGE HAARE TUN KANN:

- Synthetische Kleidung ist nicht besonders atmungsaktiv, deshalb besser luftdurchlässige, natürliche Materialien aus Baumwolle und Leinen tragen.
- Auch eng anliegende Kleidung fördert Schweißbildung.
- Das Duschen mit einem ausgiebigen Kältguss beenden, damit sich die Hautporen schließen.
- Die Achselhaare sollten rasiert werden, weil sich dort viele Hautbakterien ansiedeln.
- Hautfreundliches, parfümfreies Deodorant aus der Apotheke verwenden.
- Schweißtreibende Genussmittel wie Alkohol, Süßigkeiten und Zigaretten vermeiden.
- Salbeitee hemmt Schweißbildung.
- Haare mindestens einmal täglich mit einem milden, leicht entfettenden Shampoo waschen. Dabei die Kopfhaut massieren, um das Fett aus den Talgdrüsen herauszuholen. Keine Shampoos gegen fettiges Haar verwenden, weil sie die Haut durch den Fettentzug zu vermehrter Fettproduktion anregen.

16. Mein 16-jähriger Sohn will unbedingt ein Tattoo!

Unser Sohn (16) wünscht sich eine Tätowierung an Schulter und Oberarm. Meine Frau und ich sind dagegen, weil eine Tätowierung ein Leben lang hält und wir uns für seinen Körper mitverantwortlich fühlen. Seitdem spricht er nicht mehr mit uns. Meine Frau ist inzwischen so weit, es ihm zu erlauben, aber ich finde nach wie vor, dass wir konsequent bleiben sollten.

Der Wunsch nach einer Tätowierung stellt Sie als Eltern vor die Frage, inwieweit Sie sich in Körperfragen bei Ihrem Sohn einmischen sollten. Eine heikle Angelegenheit. Grundsätzlich sollten Heranwachsende über ihre äußere Erscheinung selbst entscheiden, denn es gehört zur Pubertät, sich mit Körperschmuck, bizarren Frisuren, seltsamen Farbkombinationen und eigenwilligen Outfits auszuprobieren, um den neuen und oftmals noch befremdlichen Körper bewohnen zu lernen. Als Eltern vergisst man leicht, wie irritierend und ängstigend die körperliche Entwicklung vom Kind zum Erwachsenen verlaufen kann. Ausgelöst durch Sexual- und Wachstumshormone, gerät ein harmonisches Körpergefühl in der Pubertät vollkommen aus dem Lot. Arme und Beine wachsen schneller als der Rumpf, die Bewegungen werden schlaksig und linkisch, das Gesicht verliert seine gleichmäßigen Züge, der Gang wirkt instabil, hinzu kommen fettige Haare, Stimmbruch, Schweißgeruch und Pickel. Jungen beobachten ängstlich die Größe ihres Penis und die Zunahme an Muskelmasse, vergleichen sich mit anderen, fürchten, nicht männlich genug, nicht «normal» zu sein. Einige leiden darunter, zu wenig Bartwuchs und Körperbehaarung zu haben, andere sind verunsichert, gerade weil ihnen auf Brust, Schultern und Rücken Haare wachsen. In der Schule und in der Clique laufen diejenigen, die zu dick, zu schmächtig oder zu unsportlich sind, Gefahr, gehänselt oder gemobbt zu werden. Über alledem schwebt die Sexualität, die sich in einer ganz neuen Intensität bemerkbar macht. Es ist wie ein Fluch: In einer Zeit, in der sexuelle Lust und die Sehnsucht nach Zärtlichkeit und Zweisamkeit so überwältigend an die Oberfläche drängen, spielt der Körper verrückt, als wolle er die Partnersuche geradezu verhindern. Kein Wunder, dass die körperlichen Veränderungen auch psychisch destabilisieren können. Umso wichtiger ist es, dass sich Heranwachsende in der Gestaltung ihres Äußeren ausprobieren können, denn nur so lernen sie, ein Gefühl für ihren Körper zu entwickeln und ihn anzunehmen.

Der Wunsch Ihres Sohnes nach einem Tattoo ist womöglich ein Zeichen, dass er die verunsichernde Phase hinter sich hat und seinen Körper mag, schmücken und präsentieren will. Dennoch: Ich verstehe auch Ihre elterlichen Bedenken. Sie sind tatsächlich noch für seinen Körper mit verantwortlich, und anders als lange Haare oder weite Hip-Hop-Hosen ist ein Tattoo etwas Bleibendes. Dagegen sind Jugendliche mit ihren Wünschen äußerst sprunghaft. Was sie heute noch unbedingt haben wollen, kann morgen schon wieder völlig uninteressant sein. Insofern ist die Entscheidung zu einer Tätowierung tatsächlich gut zu überlegen. Sagen Sie Ihrem Sohn, dass Sie sein Anliegen sehr gut nachvollziehen könnten, aber dass Ihnen als Vater unwohl sei, eine solche Entscheidung zu fällen, weil ein Tattoo einen bleibenden Eingriff in den Körper bedeute. Vertrösten Sie ihn damit, dass er in zwei Jahren volljährig sei und eine solche folgenschwere Entscheidung dann selbst treffen könne.

Fazit: *Der Wunsch Ihres Sohnes ist nachvollziehbar, denn Jugendliche müssen sich in der Gestaltung ihres Körpers ausprobieren. Ein Tattoo jedoch bleibt lebenslang. Insofern sollte Ihr Sohn noch zwei Jahre warten, bis er als Volljähriger eine solche Entscheidung selber treffen kann.*

17. Soll ich das Übergewicht meines Sohnes problematisieren?

Unser Sohn (15) hat ziemliches Übergewicht, weil er sich hauptsächlich von Fastfood ernährt. In der Klasse und bei seinen Freunden ist er beliebt, niemand zieht ihn deswegen auf. Dennoch finde ich, er sollte abnehmen. Spätestens beim Thema «Mädchen» wird er unter seinem Aussehen leiden. Aber natürlich will ich ihm auch keine Komplexe einreden. Soll ich ihn lassen oder auf ihn einwirken?

Sie stellen implizit die wichtige Frage, ob man Jugendlichen eine Rückmeldung zu ihrem Körper geben sollte. Ich kann Ihr Zögern gut verstehen und finde auch, dass Eltern sich eine solche Kritik gut überlegen sollten. 15-Jährige sind bezüglich ihres Aussehens oft noch sehr verletzbar und können schlecht mit Körper-Kritik umgehen. Etwas anderes wäre es, wenn Ihr Sohn von sich aus auf Sie zukommen würde, weil vielleicht Mitschüler oder Freunde eine abfällige Bemerkung über seine Figur gemacht haben. In diesem Fall könnten Sie mit ihm gemeinsam überlegen, wie er sein Übergewicht, das ja auch gesundheitliche Folgen haben kann, reduzieren könnte.

Ansonsten wären Sie auf der sichereren Seite, wenn Sie, statt sein Übergewicht zu problematisieren, auf seine Ernährung Einfluss nehmen würden. Wie kommt es, dass sich Ihr Sohn hauptsächlich von Fastfood ernährt? Viele Jugendliche stopfen Pommes, Döner, Hamburger, Pizza und Currywürste in sich hinein, weil sie noch kein ausgewogenes Verhältnis zu ihrem Körper und ihrer Gesundheit haben – und weil es ihnen gut schmeckt. Umgehen Sie das Gewichtsthema, aber sprechen Sie mit ihm über seine Ernährung, motivieren Sie ihn zu gesünderer Kost und kochen Sie kalorienbewusster, indem Sie ihm z. B. mehr hochwertige Produkte wie Gemüse, Salat, fettarmes Fleisch und Fisch anbieten. Er könnte ja nach wie vor einmal pro Woche zu seinem Lieblingsdönerladen gehen. Im Übrigen lässt sich Schnellkost auch zu Hause gut zubereiten. Ändern Sie die Zutaten leicht ab, indem Sie zum Beispiel eine Salami- in eine Gemüsepizza verwandeln oder Pommes frites in Erdnussöl frittieren. Oder kombinieren Sie, indem Sie eine Bratwurst mit frischem Gemüse servieren. Vielleicht hat Ihr Sohn auch Lust, mit Ihnen zusammen zu kochen. Produzieren Sie gemeinsam eine kalorienbewusste Dinkel-Pizza oder einen Hamburger mit fettarmem Fleisch und Vollkornbrötchen. Das ist gesünder, kalorienärmer und schmeckt genauso gut.

Fazit: *Vermeiden Sie Kritik an seiner Figur, aber sorgen Sie dafür, dass er sich besser ernährt.*

18. Kann Magersucht in der Pubertät auftreten?

Unser 17-Jähriger treibt seit einiger Zeit regelmäßig Kraftsport. Nun ist mir aufgefallen, dass er kaum noch isst und auch sichtbar an Gewicht verloren hat. Allmählich beginne ich, mir Sorgen zu machen. Wenn er so weitermacht, wird er noch ernsthaft krank. Kann es sein, dass unser Sohn an Magersucht leidet? Meines Wissens erkranken doch nur Mädchen daran.

Ich kann aus der Ferne schlecht einschätzen, ob Ihr Sohn an Magersucht leidet, verstehe aber Ihre Sorge. Seit einigen Jahren beobachtet man auch bei Jungen und jungen Männern eine Zunahme an Essstörungen wie Magersucht (Anorexia nervosa) und Essbrechsucht oder Bulimie (Bulimia nervosa). Haben Sie Ihrem Sohn gegenüber schon einmal Ihren Verdacht geäußert? Es würde mich nicht wundern, wenn er mit Ignoranz oder Empörung reagiert hätte. Meistens haben Betroffene – zumindest am Anfang – keine Krankheitseinsicht. Sie finden sich lediglich zu dick und rechtfertigen ihre Diäten damit, abnehmen zu wollen. Bei Jungen und jungen Männern kommt erschwerend hinzu, dass sie die Krankheit nicht wahrhaben wollen, weil Essstörungen vorwiegend als «Mädchenkrankheit» angesehen werden. Sie kaschieren das fehlende Gewicht durch den Aufbau von Muskeln, sodass die Umwelt nichts von der Erkrankung mitbekommt, ganz im Gegenteil: Viele äußern sich lobend über den muskulöseren und klar definierten Körper. All das macht es schwer, die Magersucht bei Jungen überhaupt zu erkennen. Da die Krankheit den Organismus dauerhaft schädigen kann, sollten Sie auf Ihren Sohn einwirken, sich in ärztliche oder psychologische Behandlung zu begeben. Lassen Sie sich nicht von ihm in die Irre führen. Verleugnen und Täuschen (zum Beispiel beim Gewicht) gehören zum Krankheitsbild. Falls sich Ihr Sohn nicht helfen lassen will, sollten Sie eine Beratungsstelle für Essgestörte und deren Angehörige aufsuchen oder sich von einem Kinder- und Jugendpsychiater bzw. Kinder- und Jugendlichenpsychotherapeuten beraten lassen. Man behandelt Essstörungen mit einer Einzel- oder Familientherapie, manchmal ist auch ein Klinikaufenthalt angezeigt.

Fazit: *Auch Jungen erkranken an Magersucht. Drängen Sie darauf, dass sich Ihr Sohn ärztliche oder psychologische Hilfe holt.*

DIAGNOSTISCHE HINWEISE AUF EINE MAGERSUCHT

- Betroffene nehmen in kurzer Zeit 15 bis 20 Prozent des Ausgangsgewichtes ab und fürchten, auch nur ein Gramm wieder zuzunehmen.
- Sie essen auffallend wenig.
- Sie achten bei Nahrungsmitteln ständig auf den Kaloriengehalt.
- Sie gebrauchen Abführmittel und/oder Appetitzügler.
- Sie lösen bei sich Erbrechen aus.
- Sie wiegen sich mehrmals am Tag.
- Sie haben ein gestörtes Körperbild, indem sie sich dicker finden, als Außenstehende dies wahrnehmen.
- Sie treiben exzessiv Ausdauer- und/oder Kraftsport.
- Ihnen fehlt eine Krankheitseinsicht.

19. Warum sind Jugendliche so schamhaft?

In unserer Familie ist es üblich, dass wir gemeinsam das Badezimmer benutzen und uns nackt voreinander zeigen. Doch seit einiger Zeit will unser Ältester (13) alleine duschen. Wenn er aus dem Bad kommt, zieht er sich neuerdings immer etwas über. Mein Mann und ich fragen uns irritiert, warum unser Sohn so schamhaft ist. Wir haben ihn doch immer zu einem unbefangenen Umgang mit seinem Körper erzogen.

Ihrer Frage entnehme ich, dass Sie Scham grundsätzlich als etwas Negatives bewerten. Sie müssen aber unterscheiden zwischen einer angeborenen, natürlichen Scham und einer repressiven Scham oder Beschämung, die durch Demütigung, strenge Erziehung oder Missachtung der Intimsphäre entsteht.

Der innere und äußere Rückzug Jugendlicher bringt ein natürliches Schamgefühl zum Ausdruck und spiegelt den Wunsch nach Intimität und Abgrenzung. Kinder durchleben in ihrer psychosexuellen Entwicklung vom Säugling zum Erwachsenen einen stetigen Wandel des Schamgefühls. Mit jedem Reifungsschritt, den ein Kind vollzieht, verändert sich auch der Körper – und mit ihm das Schamgefühl. Während ein Zweijähriges freudig seine Hinterlassenschaft präsentiert, macht ein Siebenjähriger die Toilettentür hinter sich zu. Während ein Dreijähriger seinen Eltern beim Abendessen stolz seinen Penis vorführt, würde ein Vierzehnjähriger dies nicht mehr tun – und wenn, würden Sie ihn zurechtweisen müssen, um das natürliche Schamgefühl in ihm zu wecken. Schamgefühle zeigen sich besonders in den Übergangsphasen wie zum Beispiel im Alter von sechs, wenn der Schulbeginn eine neue Lebensphase einleitet. Das Kind kann sich vor Lehrern und Mitschülern nicht mehr so freizügig und nackt präsentieren wie im vertrauten Familienumfeld. Es verliert etwas von seiner kindlichen Unbefangenheit oder, positiv formuliert: Das Schamgefühl verhilft zu einem angemessenen Umgang mit fremden Menschen. Scham schützt das Kind, zu viel von sich zu zeigen und sich lächerlich zu machen. Scham hilft aber auch, die Grenzen der anderen zu respektieren. Durch Scham lernen Kinder soziales Verhalten.

In der Vorpubertät, der Übergangszeit vom Kind zum Jugendlichen, verändert sich der Körper irritierend schnell. Jugendliche verhüllen sich und schließen sich im Bad ein, weil sie ihren Körper schlichtweg nicht mehr präsentabel finden. Sie benötigen Raum und Zeit, ihren Körper kennenzulernen und sich mit ihm anzufreunden. Zugleich werden sexuelle Gefühle das erste Mal mit großer Intensität gespürt. Dass dieser Körper, der so absonderlich daherkommt, zugleich sexuelle Lust bereitet, ist für Heranwachsende eine neue und irgendwie auch erschreckende Erkenntnis. Das Schamgefühl signalisiert dem Jugendlichen, dass er Zeit braucht, um die Veränderungen zu verarbeiten.

Schamgefühle können auch einen unterschwelligen Wunsch nach Distanzierung ausdrücken. Viele Jugendliche schämen sich, mit ihren Eltern auf der Straße gesehen zu werden. Sie wollen ihre eigenen Wege gehen und in den Augen von Freunden und Mitschülern nicht mehr mit ihren Eltern «in einen Topf geworfen werden». Wenn sich Eltern vor ihrem Sohn nackt zeigen, dann stellen sie eine große Nähe und Intimität her, die der Sohn womöglich in diesem Ausmaß erdrückend findet. Jugendliche schämen sich nicht nur ihrer eigenen Nacktheit, sie schämen sich auch vor der Nacktheit der Eltern. Nehmen Sie das Scham- und Rückzugsgefühl Ihres Sohnes ernst. Eltern, die sich diesbezüglich über ihre Kinder aufregen oder lustig machen, beschämen sie wirklich. Viele Eltern wünschen sich ihre Kinder möglichst «schamfrei», weil sie ihnen die Sorgen und Nöte ersparen wollen, die sie selbst durch eine repressive Sexualmoral erfahren haben. Doch heutzutage müssen die Wertvorstellungen bezüglich Scham modifiziert werden. Es ist wichtig und richtig, dass Sie Ihren Kindern einen möglichst unbefangenen Umgang mit Körper und Sexualität vermitteln. Diese Werte haben Sie sich mühsam erarbeitet und sind es «wert», weitergegeben zu werden. Aber es gilt eben auch, Kindern und

Jugendlichen ihr natürliches Scham- und Schutzbedürfnis zu lassen, ohne sich deshalb als Eltern vorzuwerfen, etwas falsch gemacht oder in der Erziehung versagt zu haben.

Fazit: *Jugendliche Scham hat ihre Berechtigung. Lassen Sie Ihrem Sohn sein natürliches Schutz- und Schambedürfnis.*

SCHÄM DICH!

Heutige Eltern Pubertierender sind in den sechziger, siebziger und achtziger Jahren aufgewachsen. Sie haben einen anderen Umgang mit Scham erlernt, als er heutigen Wertmaßstäben entspricht. Eine Chronologie:

- **50er und 60er Jahre:** Es herrschten sexualmoralisch strenge Regel- und Normvorstellungen. Beschämung und Demütigung waren gesellschaftlich akzeptierte Erziehungsmittel.
- **70er Jahre:** Die 68er-Bewegung lockerte den Umgang mit Scham und ließ das Pendel ins andere Extrem ausschlagen. Nun galt es, sich möglichst nackt und unbefangen zu zeigen und ohne Tabus über Sexualität sprechen zu können. Scham wurde generell mit negativen Vorzeichen versehen. Dabei geriet die natürliche Scham aus dem Blick.
- **80er Jahre:** Zu Beginn des Jahrzehntes kam Aids auf. Von nun an wurde es lebensnotwendig, über Sexualität zu sprechen. Themen wie Ansteckungswege, Sexualpraktiken und Safer Sex beherrschten die Diskussion in Zeitungen und Talkshows. Offenheit war lebenswichtig – Schamgefühle waren endgültig out.
- **90er Jahre:** Durch die Emanzipationsbewegung rückte der sexuelle Missbrauch zunehmend ins öffentliche Bewusst-

sein. Man nahm den kindlichen Körper anders wahr, motivierte Kinder, «Nein!» zu sagen. Das Schamgefühl wurde nun differenzierter betrachtet. Man erkannte, dass ein Schamgefühl nicht unweigerlich anerzogen und repressiv sein musste.

- **Heute** gesteht man Kindern und Jugendlichen eine natürliche, angeborene Scham zu und favorisiert gleichzeitig eine entspannte, aber nicht entgrenzte Offenheit.

JUNGEN UND MÄNNLICHKEIT

20. Unser Sohn, 14 Jahre, protzt und prahlt

Unser 14-jähriger Sohn macht seit Neuestem den dicken Max. Er steht ständig vor dem Spiegel und betrachtet seine Armmuskeln, außerdem lässt er frauenfeindliche und machohafte Sprüche ab. Als Mutter nervt mich das ungemein, er war doch als Kind nicht so! Warum muss er sich derart profilieren?

Der «dicke Max» ist häufig ein Zeichen von Unsicherheit und Überforderung. Jungen suchen in der Pubertät nicht nur nach einer Antwort auf die Frage: «Wer bin ich?», sondern speziell auch nach einer Identität als Mann. Solange sie kein inneres Bild davon haben, was für ein Typ Mann sie sind und welches Rollenverhalten von ihnen erwartet wird, kompensieren sie ihre Verwirrung durch Kraftmeierei. Was Jungen aber brauchen, ist die Erlaubnis, die vielfältigen Facetten ihrer Persönlichkeit entfalten zu dürfen, ohne Angst haben zu müssen, deswegen als unmännlich zu gelten. Dass Ihr Sohn als Kind anders war, verwundert nicht. Kinder fühlen sich in ihrer Geschlechtsidentität häufig gefestigter als Jugendliche. Sie gehen flexibler mit den Geschlechterrollen um, «verkleiden» sich und probieren aus, wie es ist, das jeweils andere Geschlecht zu sein. Jugendliche haben Angst vor solchen Experimenten, denn die Pubertät löst starke Verunsicherungen aus. Der Körper wirkt zunächst überhaupt noch nicht männlich, sondern schlaksig und disharmonisch, und es fällt schwer, sich mit ihm zu identifizieren. Im Kontakt zu Mädchen wissen Jungen oft nicht, wie sie sich verhalten sollen, denn es kursieren zwiespältige Rollenerwartungen. Jungen müssen den Spagat vollbringen, ein rücksichtsvoller, empathischer Liebhaber und zugleich ein Macho zu sein, der einerseits zwar sexy, aber andererseits auch ein «Auslaufmodell» ist. Und nicht zuletzt verursachen die sexuellen Gefühle, die sich ungewohnt heftig bemerkbar machen und häufig nicht einmal eindeutig heterosexuell ausgerichtet sind, eine große innere Verwirrung. Wie sollen Jungen ein klares Bild von sich als Mann bekommen, wenn die Gefühle so vielschichtig sind?

Lassen Sie sich vom Verhalten Ihres Sohnes nicht nerven, sondern erkennen Sie seine Armmuskeln wertschätzend an. Loben Sie seine «Macho»-Allüren und machen Sie ihm zugleich Mut, die ungeliebten Anteile wie Schüchternheit, Verunsicherung und Ängstlichkeit anzunehmen. Je besser Ihr Sohn seine «schwachen», empfindsamen Seiten integrieren kann, desto weniger muss er sich vor Ihnen und anderen profilieren.

Fazit: *Bleiben Sie gelassen: Kraftmeierei ist immer auch ein Ausdruck von Unsicherheit. Helfen Sie ihm, auch die weichen Seiten seiner Persönlichkeit annehmen zu können.*

21. Ist es leichter, vom Mädchen zur Frau zu werden als vom Jungen zum Mann?

Unsere Tochter (16) ruht mehr in sich und ist insgesamt ausgeglichener als unser Sohn (15). Er muss sich ständig beweisen, verlangt ein hohes Maß an Aufmerksamkeit und Anerkennung und muss überall der Größte und Stärkste sein. Haben es Jungen schwerer als Mädchen, eine Identität als Mann bzw. Frau zu ent-

wickeln? Anders gefragt: Wirkt es sich für Jungen nachteilig aus,
dass sie hauptsächlich von der Mutter großgezogen werden?

Ob es Mädchen leichter haben, eine Frau zu werden, wenn sie sich mit Menstruation, Gewichtsproblemen, Essstörungen oder Hänseleien wegen ihrer Busengröße herumschlagen müssen, wage ich zu bezweifeln. Aus Sicht Heranwachsender fühlen sich die Sorgen und Nöte der Pubertät immer dramatisch an – egal, ob es sich um Jungen oder Mädchen handelt. Ihr Sohn könnte auch aufgrund seines Wesens, seines Temperamentes, seiner Biographie oder seiner Beziehung zu Ihnen als Eltern der Schwierigere von Ihren beiden Kindern sein.

Das grundsätzliche Beziehungsthema zwischen Mutter und pubertierender Tochter kreist um die Frage, wie stark sich beide in ihrer Körperlichkeit und Sexualität voneinander unterscheiden dürfen. Mädchen müssen die schwierige Aufgabe bewältigen, bei aller Gleichheit mit der Mutter ein eigenes, autonomes Selbst zu entwickeln. Während Jungen ihre männliche Identität über *Abgrenzung* von der Mutter definieren («Ich bin wie Papa, aber nicht wie Mama!»), fragen sich Mädchen: «Wie schaffe ich es, eine eigene Frau zu werden, wenn ich doch eigentlich genau so bin wie Mama?» Wenn ich mich als Mann versuche in diesen Prozess hineinzuversetzen (soweit das überhaupt möglich ist), stelle ich mir die Aneignung einer weiblichen Identität für Mädchen nicht gerade einfach vor. Die Loslösung des Mädchens von der Mutter ist, ähnlich wie bei Jungen, mit zahlreichen Ängsten, Schuldgefühlen, widersprüchlichen Wünschen von Trennung und Bindung und Identifizierungsversuchen mit dem Vater verbunden. Aus Sicht der Mutter bedeutet die Pubertät der Tochter oft eine Konfrontation mit dem eigenen Älterwerden, und es kann zu Neid- und

Rivalitätsgefühlen kommen, die sich in Form von Idealisierung und Abwertung gegen die Tochter richten können. Manchmal verwischen die Altersgrenzen, indem sich Mütter betont jugendlich kleiden und sich lieber in der Rolle der Freundin als in der Rolle der Mutter sehen. Väter erschrecken oft über die zunehmende Attraktivität ihrer Töchter und wenden sich ab, weil sie mit ihren Emotionen nicht umgehen können und Angst haben, übergriffig zu werden. Dabei brauchen pubertierende Mädchen als werdende Frauen die Bestätigung des Vaters für ihre zunehmende weibliche Attraktivität. Um aber auf Ihre Frage zurückzukommen: Nicht die Beziehung zur Mutter ist die eigentliche Hürde, die Jungen bei ihrer männlichen Identitätssuche zu überwinden haben, sondern eine in unserer Gesellschaft noch immer vorherrschende tiefsitzende defizitäre Sicht auf das Weibliche. Trotz Gender-Debatten und Emanzipationsbestrebungen haben wir verinnerlicht, dass das Weibliche unterhalb des Männlichen rangiert. Wenn ein Mädchen Fußball spielt oder Hosen statt Röcke trägt, finden Eltern das in den meisten Fällen in Ordnung – beschäftigt sich ein Junge hingegen mit Barbie oder hegt er den Wunsch, sich wie die Mutter zu kleiden, zucken viele Eltern zusammen, wenn sie nicht sogar in Panik geraten. Wir werfen einen unterschiedlichen Blick auf männliche und weibliche Rollenbilder. Dies hat zur Folge, dass sich Mädchen spielerischer mit den Geschlechterrollen auseinandersetzen dürfen, während Jungen – wie Ihr Sohn – häufig unter Druck stehen, besonders männlich beziehungsweise «nicht weiblich» auftreten zu müssen. Dieser Männlichkeitsdruck bringt viele Jungen in ein Dilemma, denn sie wünschen sich ja eigentlich, ihre anlehnungsbedürftigen, hilflosen oder gefühlsbetonten Seiten, die wir auf einer irrationalen Ebene mit Weiblichkeit verbinden, besser in ihre Persönlichkeit zu integrieren. Jungen sollten lernen, dass Männlichkeit bedeutet, vielfältig sein zu dürfen, und nicht, «nicht weiblich» sein zu müssen.

Fazit: *Jungen haben es nicht grundsätzlich schwerer als Mädchen, sich eine geschlechtliche Identität anzueignen. Aber wir gestehen Mädchen eher zu, spielerisch mit den Geschlechterrollen umzugehen.*

GESCHLECHTERROLLEN

Geschlechtstypisches Verhalten ist nicht nur auf vorgeburtliche Anlagen und die Wirkung von Hormonen zurückzuführen – auch die Erziehung hat einen großen Anteil daran. Eltern suggerieren ihrem Kind durch Namensgebung, Stimmlage, Mimik, Gestik und typisch männliche oder weibliche Spielzeuggeschenke die Zugehörigkeit zu einem bestimmten Geschlecht. Bereits die Ultraschalluntersuchung, bei der das Geschlecht des Ungeborenen erkannt wird, löst Erwartungen in Eltern aus, die sie – oft unbewusst – an ihr Mädchen oder ihren Jungen weitergeben.

Kinder wiederum eignen sich ihre Rollen schon im Kindergartenalter an, indem sie Eltern und andere Erwachsene nachahmen. Bis zum fünften, sechsten Lebensjahr sind die Rollen internalisiert: Jungen spielen jetzt lieber mit Jungen, Mädchen lieber mit Mädchen, und auf die Frage, was sie später einmal werden wollen, geben Jungen wie Mädchen geschlechtstypische Berufe an. Diese klare Einteilung in männlich und weiblich gibt Kindern Sicherheit, denn so können sie sich in der komplexen Welt der Erwachsenen orientieren. Doch im Gegensatz zu Pubertierenden gehen sie spielerisch mit den Rollen um. Jugendliche sind innerlich damit beschäftigt, ihren Körper, ihre Persönlichkeitsmerkmale und ihre sexuellen Bedürfnisse mit den gesellschaftlichen Erwartungen abzugleichen, wie Männer und Frauen sein sollten. Das ist oft extrem verunsichernd.

22. Was können Mütter für die männliche Entwicklung ihrer Söhne tun?

Mein Sohn wächst ohne Vater auf. Ich habe nicht das Gefühl, dass ihm etwas fehlt, und doch frage ich mich, ob und wie ich ihn als Frau in seiner männlichen Entwicklung unterstützen kann.

Söhne in der Pubertät haben oft widersprüchliche Wünsche und Erwartungen an ihre Mütter. Auf der einen Seite wollen sie Bestätigung und Anerkennung, was für «tolle Männer» sie sind, auf der anderen Seite suchen sie nach Wegen der Abgrenzung. Das passt nicht zusammen, denn Anerkennung hat immer auch etwas Bindendes und erschwert die Ablösung. Welcher Junge will sich schon von einer Mutter trennen, die ihn ständig mit Lob füttert? Die Frage ist, an welchem Punkt seiner Entwicklung sich Ihr Sohn zurzeit befindet, welche Bedingungen er hat und welch ein Typ Mann er ist. Söhne, die versuchen, ihre Mütter mit Konflikten, einem starren Rollenverhalten und männlichem Imponiergehabe herauszufordern, drücken damit unterschwellig aus, dass sie sich als ein eigenes, von der Mutter losgelöstes Geschlecht begreifen: «Sieh her, Mama, so männlich bin ich – ganz anders als du!» Da solche

Jungen bereits in der Ablösung begriffen sind, fühlen sie sich durch mütterliche Anerkennung und Bestätigung nicht so sehr gebunden, sondern unterstützt und bestärkt. Auch stimmt es nur bedingt, dass ein Junge *unbedingt* seinen Vater braucht, um seine männliche Identität in sich zu entdecken. Eine Mutter kann eine Vorbildfunktion einnehmen, indem sie ihrem Sohn hilft, seine empfindsamen, «weiblichen» Anteile zu integrieren und sich trotzdem als Mann zu fühlen. Durch Mütter können Jungen lernen, in Streits gelassen zu bleiben, sich verbal statt körperlich auseinanderzusetzen, Beziehungsprobleme konstruktiv zu lösen und Emotionen auszusprechen.

Manche Jungen – vor allem solche ohne eine männliche erwachsene Bezugsperson – neigen jedoch dazu, sich ihrer Mutter anzupassen, es ihr recht machen zu wollen und der vernünftige Junge zu sein. Sie vermeiden Konflikte, können sich gut in die Mutter einfühlen und signalisieren ihr damit implizit, der treue Mann an ihrer Seite zu sein. Wenn die Beziehung zwischen Ihnen und Ihrem Sohn eher konfliktarm ist, sollten Sie die Ablösung forcieren, indem Sie mehr Autorität und Konflikte wagen. Setzen Sie Grenzen, stellen Sie Regeln auf, üben Sie Kritik, fördern Sie unterschiedliche Standpunkte – so wie Väter das auch häufig tun. Wenn Sie Ihrem Sohn erlauben, anders zu sein, verhelfen Sie ihm nicht nur zu mehr Eigenständigkeit, sondern auch zu einem sichereren Gefühl als Mann.

Fazit: *Söhne suchen die Anerkennung von Müttern, wollen sich aber zugleich auch lösen. Beides harmoniert nicht immer miteinander. Unterm Strich brauchen «machohafte» Jungen eher Anerkennung und Mutmachen auch für die «weiblichen» Anteile ihrer Persönlichkeit, während angepasste Söhne eher mit Konflikten konfrontiert werden sollten.*

23. Unser Sohn verhält sich wie seine Filmhelden

Seit einiger Zeit bemerken wir bei unserem Sohn (15), dass er Filmstars nachäfft. Er wirkt so aufgesetzt damit. Wenn wir uns mit ihm streiten zum Beispiel, dann baut er sich wie ein Action-Held vor uns auf und gestikuliert auch so. Meinen Mann und mich nervt das ungemein.

Lassen Sie sich vom Verhalten Ihres Sohnes nicht nerven! Es ist völlig normal, dass Jungen andere Männer «nachäffen». Die meisten Jungen suchen sich Vorbilder, um sich in der Welt der Männer verorten zu können. Wie man aus Studien weiß, orientieren sich Jungen nicht nur an ihren Vätern, obwohl diesen bei der Vorbildfunktion eine große Bedeutung zukommt. Sie orientieren sich auch an Sportlern, Film- und Fernsehstars, Musikern, Computerexperten und Mitschülern. Ausschlaggebend für die Wahl des Vorbildes ist es, dass Jungen das Gefühl haben müssen, das Vorbild sei kompetenter und wisse mehr als sie selbst. Ein Action-Held – auch wenn er nur eine fiktive Figur ist – vermittelt Jungen männliche Techniken, wie man sich erfolgreich in einer Welt voller Gefahren und Abenteuer behaupten kann. Diesen Situationen des Selbstbehauptens begegnen Jungen ständig – ob es darum geht, mit Lehrern klarzukommen, unter Mitschülern seinen Platz zu erobern oder zu behalten, einen Ausbildungsplatz zu bekommen oder Liebesbeziehungen aufzunehmen. Da ist die Gefahr, sich inkompetent zu fühlen, recht groß. Die Identifizierung mit einem starken Helden hilft jedoch – zumindest in der Phantasie – über mögliches Scheitern und ein Gefühl von Inkompetenz hinweg. Auch im Konflikt mit Ihnen als Eltern ist Ihr Sohn gefordert, sich zu behaupten, will er nicht als Verlierer das Feld verlassen.

Ein anderer Aspekt, den Sie beachten und überprüfen sollten, ist die Beziehung Ihres Sohnes zu seinem Vater. Jungen orientieren sich manchmal verstärkt an männlichen Medienhelden, wenn ein Vater fehlt. Nun entnehme ich Ihrer Frage, dass Ihr Mann zugegen ist und mit dem Sohn im Kontakt steht, aber wie ist das Verhältnis zwischen den beiden? Väter können ihre Vorbildfunktion nicht ausüben, wenn sie vom Sohn als distanziert und abwesend wahrgenommen werden, vielleicht, weil sie beruflich viel unterwegs sind oder sich aus Familienangelegenheiten heraushalten. Söhne brauchen Väter, an denen sie sich orientieren und anlehnen, aber auch reiben und messen können. Dazu sollten Väter von sich aus und aktiv die Beziehung zum Sohn suchen, indem sie gemeinsame Unternehmungen gestalten und durchführen, sich für Gespräche anbieten, mit dem Sohn Rivalitätskämpfe ausfechten und Regeln aufstellen, an denen sich Konflikte entzünden können. Ansonsten bleibt Ihrem Sohn nichts anderes übrig, als sich die männlichen Selbstbehauptungstechniken über Phantasiefiguren anzueignen.

Fazit: *Jungen suchen sich Vorbilder, die sie als kompetent erleben. Das können mediale Helden sein, aber auch Väter spielen eine wichtige Rolle. Fehlt der Vater, sind Jungen verstärkt auf mediale Vorbilder angewiesen.*

24. Mein Sohn ist schwul. Habe ich als Vater versagt?

Mein Sohn (14) hat uns eröffnet, dass er homosexuell sei. Während meine Frau recht gut damit zurechtkommt, frage ich mich, ob ich in meiner männlichen Vorbildfunktion versagt habe.

Nein, das haben Sie definitiv nicht. Ob sich ein Mensch hetero- oder homosexuell entwickelt, hat nichts mit seiner Erziehung oder der Beziehung zu seinen Eltern zu tun. Anfang der 1980er Jahre wurde in einer breit angelegten Interviewstudie des Kinsey Instituts für Sexualforschung nachgewiesen, dass weder Erziehungsstile noch familiäre Beziehungen die sexuelle Orientierung eines Menschen beeinflussen. Auch psychoanalytische Annahmen, Homosexuelle hätten eine dominante Mutter und einen gleichgültigen, abwesenden Vater, konnten durch die Studie nicht belegt werden. Vielmehr überwog sowohl bei den heterosexuell als auch bei den homosexuell Befragten häufig eine Dominanz des Vaters. Warum die einen homo- oder bisexuell werden und die anderen heterosexuell, weiß man bis heute nicht. Es konnten bisher weder genetische oder biologische noch entwicklungs- oder umweltbedingte Faktoren ausgemacht werden.

Wenn Sie befürchten, in ihrer männlichen Vorbildfunktion versagt zu haben, dann stellen Sie möglicherweise eine Verbindung zwischen Homosexualität und «Unmännlichkeit» her. Die männliche Identität hat jedoch nichts mit der sexuellen Orientierung eines Mannes zu tun. Schwule erleben sich subjektiv genauso dem männlichen Geschlecht zugehörig wie heterosexuelle Männer. Auch von Außenstehenden werden Schwule eindeutig als Vertreter des männlichen Geschlechts wahrgenommen. Dass Sie sich als Vater Vorwürfe machen, liegt nicht an einer vermeintlichen Unmännlichkeit Ihres Sohnes, sondern an gesellschaftlich-kulturellen Werten, die Sie für sich reklamieren. Zahlreiche Väter distanzieren sich oder wenden sich von ihren schwulen Söhnen ab, weil sie es nur schwer aushalten, dass der Sohn in sexueller Hinsicht nicht den väterlichen Erwartungen entspricht. Dabei ist das Coming-out, also das Entdecken des eigenen Schwulseins, eine für die Betroffenen höchst verunsichernde Zeit, in der ein Vater dringend gebraucht wird. Wenn Ihr Sohn Ihnen bereits mit 14 Jahren sein Schwulsein mitteilt, ist er früh dran – und das spricht für eine gute, vertrauensvolle Beziehung zwischen Ihnen und Ihrem Sohn. Die meisten Jungen sind wesentlich älter, wenn sie sich den Eltern gegenüber outen. Unterstützen Sie Ihren Sohn emotional bei seinem Coming-out, indem Sie ihm helfen, seine sexuelle Orientierung anzunehmen und sich als möglicher Außenseiter in seiner Klasse zurechtzufinden. Geben Sie ihm väterliche Ratschläge, wie man ein Kondom benutzt, die Partnersuche richtig angeht, Liebesbeziehungen gestaltet oder Liebeskummer verarbeitet. Tun Sie all das, was Sie bei einem heterosexuellen Sohn tun würden. Aber haben Sie gleichzeitig Verständnis für Ihre Verwirrung. Denn Eltern von schwulen Söhnen durchleben ebenfalls ein Coming-out, weil sie das Anderssein des Sohnes akzeptieren müssen und womöglich die Ablehnung von Freunden, Nachbarn, Arbeitskollegen etc. befürchten.

Fazit: *Als Eltern haben Sie keinen Einfluss darauf, ob Ihr Sohn hetero- oder homosexuell orientiert ist. Seien Sie Ihrem Sohn ein gutes Vorbild, indem Sie ihn beim Coming-out unterstützen.*

25. Unser Sohn kann sich nicht gegen seine Mitschüler wehren

Es geht um unseren Sohn Felix (14), der schon immer ein zartes, empfindsames Kind war und äußerlich manchmal für ein Mädchen gehalten wird. Seit einiger Zeit wird er von Jungen aus seiner Klasse gemobbt. Sie machen sich lustig über ihn, rempeln ihn an und beschimpfen ihn als «Tussi» oder «Schwuli», worunter Felix sehr leidet. Seine schulischen Leistungen haben deswegen sogar nachgelassen. Vor kurzem hat er mich gebeten, die Schule wechseln zu dürfen. Ich wäre damit einverstanden, doch mein Mann stemmt sich dagegen. Er meint, Felix müsse lernen, sich zu wehren, sonst werde er immer wieder in solche Situationen geraten. In einer neuen Schule bestehe die Gefahr, dass das Spießrutenlaufen von vorne beginne. Was können wir tun?

Ich kann die Argumentation Ihres Mannes in gewisser Weise nachvollziehen: Bei Mobbing besteht immer die Gefahr eines Teufelskreises. Die Opfer werden derart verletzt und verunsichert, dass sie in einem neuen Umfeld erneut das Ziel von Gewalt werden könnten. Insofern sollte ein Mobbing-Opfer zu allererst psychisch stabilisiert werden. Ich bezweifle allerdings, ob sich Ihr Sohn ohne die Unterstützung Erwachsener in seinem gewohnten Umfeld erholen kann. Dass seine schulischen Leistungen schlechter geworden sind, ist ein alarmierendes Signal. Wenn er die Schule wechseln möchte, sollten Sie das in Betracht ziehen. Allerdings bringt ein Schulwechsel immer auch die Gefahr mit sich, dass Ihr Sohn später das Gefühl haben könnte, weggelaufen zu sein oder sich nicht genügend gewehrt zu haben. Auch würden die «Täter» die Erfahrung machen, dass ihr aggressives Verhalten von Erfolg gekrönt ist. Deshalb könnten Sie auch, statt Ihren Sohn von der Schule zu nehmen, die Lehrer oder die Schulleitung über das Mobbing gegen Ihren Sohn in Kenntnis setzen oder mit den Eltern der «Täter» sprechen. (Letzteres allerdings nur, wenn auch die Lehrer informiert sind, denn Eltern neigen dazu, das gewalttätige Verhalten ihrer Kinder nicht wahrhaben zu wollen.) So könnte innerhalb des Systems eine Lösung herbeigeführt werden.

Ihr Sohn, der vermutlich einen Großteil der Schuld bei sich selbst sucht, würde die Erfahrung machen, dass das Verhalten der «Täter» nicht hinnehmbar ist. Ich setze das Wort «Täter» in Anführungszeichen, weil die Jungen, die Ihren Sohn schikanieren, wahrscheinlich keine Kriminellen sind, sondern in ihrer männlichen Identität verunsicherte Jugendliche, die ebenfalls Unterstützung benötigen. Insofern wäre ein Lösungsversuch innerhalb der Schule für alle Seiten von Vorteil.

Fazit: *Ihr Sohn ist damit überfordert, sich alleine gegen seine Mitschüler zu wehren. Bevor Sie ihn von der Schule nehmen, sollten Sie versuchen, das Problem unter Einbeziehung der Schule zu lösen.*

26. Unser Sohn prügelt sich andauernd

Unserem Sohn (15) scheint es regelrecht Spaß zu machen, sich mit anderen Jungen zu prügeln. Ständig kommt er mit Wunden und blauen Flecken nach Hause. Eigentlich möchten meine Frau und ich ihm einen reflektierten Umgang mit Gewalt vermitteln, aber unsere Appelle diesbezüglich werden nicht gehört. Nun will er sich auch noch beim Kickboxen anmelden. Wir haben uns dagegen entschieden, weil wir seine Aggressivität nicht noch fördern wollen. Seitdem ist er nur noch zornig auf uns, und wir kommen nicht mehr an ihn heran. War unsere Entscheidung falsch?

Ich hätte eine andere Entscheidung getroffen, und zwar aus folgendem Grund: Raufereien und Prügeleien unter Gleichaltrigen sind ein Ausdruck jugendlicher Rivalitätskämpfe und haben nichts mit Gewalt zu tun. Viele Jungen suchen körperliche Auseinandersetzungen, um sich zu messen und ihre körperliche Stärke zu erproben. In Kämpfen lernen Jugendliche, was es heißt, zu siegen und zu verlieren. Während ein Sieg das Selbstwertgefühl steigert, hat Verlieren den Effekt, Unterordnung und die Stärke des Gegners aushalten zu lernen. Prügeleien sind nur dann bedenklich, wenn Ihr Sohn tatsächlich jemandem Gewalt zufügt; wenn er sich an Jüngeren, Schwächeren oder im Zusammenschluss mit anderen gezielt an einem Wehrlosen vergreift. Solange dies nicht der Fall ist, sollten Sie ihn seine Prügel-Erfahrungen machen lassen. Kampfsport in einem Verein hat den Vorteil, dass die Kämpfe nicht ausarten können, weil sie einen strukturierten Rahmen erhalten und unter Aufsicht stattfinden. Im Kampfsport werden jugendliche Rivalitätskämpfe kanalisiert. Außerdem ist Ihre Annahme, Kampfsport fördere Aggressivität, nicht richtig. Ganz im Gegenteil: Kampfsport hilft, die jugendlichen Aggressionen abzubauen. Bedenken Sie: Der Körper eines männlichen Heranwachsenden produziert Unmengen von Testosteron, das nicht nur das Wachstum, sondern auch ungestümes, lautstarkes und kämpferisches Verhalten begünstigt. Bei einigen Jungen ist die Testosteronbildung derart erhöht, dass der Körper gezwungen ist, einen Teil davon in Östrogen umzuwandeln. Im Kampfsport kann die überschüssige Aggression ein Ventil bekommen, ohne dass Ihr Sohn oder sein Gegner in Gefahr gerät.

Darüber hinaus könnte das Verhalten Ihres Sohnes auch etwas mit der Beziehung zu Ihnen als Eltern zu tun haben. Möglicherweise versucht Ihr Sohn, sich durch sein kämpferisches Verhalten von Ihnen abzugrenzen. Während Sie als Eltern einen eher reflektierten Umgang mit Auseinandersetzungen pflegen, will Ihr Sohn Ihnen zeigen, dass er anders ist. Heranwachsende brauchen dieses Gefühl, anders als die Eltern zu sein, und sie müssen sich dieses Anderssein immer wieder erstreiten dürfen. Bleiben Sie bei Ihrer Haltung eines reflektierten Umgangs mit Gewalt, denn damit vermitteln Sie ihm einen wichtigen Wert. Aber erlauben Sie ihm den Kampfsport.

Fazit: *Viele Jungen prügeln sich, weil sie ihre Kräfte messen wollen und weil der Körper Unmengen von Testosteron produziert. Im Kampfsport kann die Aggression ein Ventil bekommen.*

JUNGEN IN BEZIEHUNG ZU VATER UND MUTTER

27. Haben wir unseren 17-Jährigen zu früh gehen lassen?

Vor kurzem hat unser 17-Jähriger im Rahmen eines freiwilligen ökologischen Jahres eine Arbeit auf einem Bauernhof angenommen. Seitdem wird meiner Frau und mir bewusst, welche Probleme wir mit ihm haben. Wenn er am Wochenende nach Hause kommt, verbringt er den Tag schlafend im Bett, während er nachts mit seinen Freunden unterwegs ist und jedes Mal sturzbetrunken zurückkommt. Unsere Bitten, sich wenigstens zum Frühstück oder Abendessen sehen zu lassen, werden nicht gehört. Hinzu kommt, dass er Unmengen von Zigaretten raucht, obwohl meine Frau und ich Nichtraucher sind. Es fehlt ihm jedes Gefühl für Disziplin. Wir glauben nicht, dass er den Job unter diesen Umständen überhaupt durchsteht. War es zu früh, ihn gehen zu lassen?

Nein, es war nicht zu früh, ihn gehen zu lassen. Ihr Sohn hält sich ja nicht unter Brücken auf, sondern absolviert ein freiwilliges ökologisches Jahr. Immerhin: Da lernt er, Verantwortung zu übernehmen und sich an Regeln und Strukturen anzupassen. Dass er die Zeit an den Wochenenden lieber mit seinen Freunden als mit seinen Eltern verbringt, ist für einen 17-Jährigen normal, auch wenn das Rauchen und der Alkoholkonsum nicht gerade erfreulich sind. Doch was wollen Sie tun? Mit Vorschriften werden Sie ihn nicht mehr erreichen. Möglicherweise hat er sich zu dem freiwilligen ökologischen Jahr entschlossen, weil er sich von Ihnen ablösen will. Sein Lebensmittelpunkt sind nicht mehr die Eltern und die elterliche Wohnung, sondern es ist der Bauernhof mit Kollegen und einem spannenden Arbeitsfeld. Auch wenn er an den Wochenenden noch nach Hause kommt, ist er in gewisser Weise ausgezogen. Er lebt sein eigenes Leben. Viele Eltern erfahren solche Ablösungsprozesse mit schmerzhaften Verlustgefühlen. Es ist nicht leicht, loszulassen. Hin und wieder suchen mich Eltern in meiner Praxis auf, um mir zu berichten, dass der Sohn oder die Tochter, die ich beratend oder therapeutisch begleitet habe, von zu Hause ausgezogen ist oder vorhat, dies in Kürze zu tun. In fast jeder solcher Sitzungen laufen irgendwann Tränen. Eine Mutter, deren 19-Jähriger wegen eines Studiums in eine andere Stadt gezogen war, sagte kürzlich: «Ich verstehe gar nicht, warum mich das so traurig macht. Er hat sich so prächtig entwickelt. Ich müsste eigentlich strahlen vor Glück. Stattdessen sitze ich hier und flenne!»

Nicht immer äußern sich die Abschiedsschmerzen als Trauer. Auch Ärger und Wut können darauf hinweisen, dass Eltern mit der Ablösung Schwierigkeiten haben. In Ihrem Fall habe ich den Eindruck, als begegneten Sie den Autonomiebestrebungen Ihres Sohnes mit einer gehörigen Portion Misstrauen. Sie sprechen ihm Disziplin ab und trauen ihm nicht zu, das ökologische Jahr zu bewältigen. Es fällt Ihnen schwer, anzuerkennen, dass er mit 17 den Schritt «nach draußen» gewagt hat und bei seiner Arbeit soziales und ökologisches Engagement zeigen muss. Solch eine negative Sicht kann etwas Festhaltendes haben und einen unbewussten elterlichen Bindungswunsch ausdrücken: Wenn er tatsächlich scheitert, dann hätten Sie ihn zurück. Versuchen Sie, eine andere Sicht auf das Verhalten Ihres Sohnes zu bekommen. Erkennen Sie ihn dafür an, dass er sich für eine verantwortungsvolle Tätigkeit fernab von zu Hause entschieden hat. So stärken Sie nicht nur die Beziehung zu ihm, Sie machen ihm auch gleichzeitig Mut, das ökologische Jahr zu schaffen.

Fazit: *Ihr Sohn befindet sich in einem Ablösungsprozess von Ihnen. Das zu akzeptieren fällt vielen Eltern nicht leicht. Sehen Sie nicht nur das Negative in seinem Verhalten, sondern erkennen Sie seine Leistungen an.*

28. Wie kriegt man einen 14-Jährigen zum Sprechen?

Zurzeit erfahre ich nichts mehr von meinem Sohn. Wenn ich ihn freundlich frage, wie es in der Schule war oder was seine Freunde machen, ernte ich nur: «Passt schon!» Ich weiß beim besten Willen nicht mehr, wie ich als Mutter an ihn herankommen soll.

Für Eltern ist es oft kränkend, wenn sich Heranwachsende verschließen wie eine Muschel. Einsilbigkeit und Schweigen können eine große Distanz herstellen und Eltern das Gefühl vermitteln, ausgeschlossen zu werden. Häufig befürchten Eltern auch, Einfluss und Kontrolle zu verlieren, wenn Sie nicht mehr mitbekommen, was ihren Sohn beschäftigt. Schließlich ist es nicht unerheblich, mit wem sich ein 14-Jähriger herumtreibt, wie die Schule läuft und was er den ganzen Tag über alles anstellt. Doch Sie sollten das Verhalten Ihres Sohnes nicht als Desinteresse an Ihnen als Mutter deuten. Aus Sicht Ihres Sohnes ist die Pubertät die Zeit der großen Geheimnisse. Ab einem gewissen Alter wollen viele Heranwachsende ihren Eltern nur noch das Nötigste anvertrauen – und manchmal nicht einmal mehr das. Sich den Eltern zu öffnen würde eine Nähe herstellen, die Heranwachsende in dieser Intensität oft nicht mehr wollen. Jugendliche Verschlossenheit drückt immer auch einen Wunsch nach Ablösung aus. Dennoch braucht Ihr Sohn Ihre elterliche Zuwendung und Ihr Interesse für seine Angelegenheiten, auch wenn er sich das nicht anmerken lässt. Erkundigen Sie sich weiterhin nach seinen Freunden, Hobbys und Alltagsgeschichten, aber seien Sie nicht enttäuscht, wenn er nicht über seine Gefühle sprechen will. Schaffen Sie eine Atmosphäre des Vertrauens, indem Sie ihm signalisieren, dass er mit Ihnen reden kann, sofern er das will. Aber machen Sie auch deutlich, dass Sie über gewisse Bereiche wie die Schule oder den Umgang mit Freunden, sofern Sie in dieser Hinsicht berechtigtes Misstrauen haben, in Kenntnis gesetzt werden möchten. Vielleicht hilft es, wenn Sie feste Redezeiten vereinbaren. Fragen Sie nicht scheinbar beiläufig, wie sein Tag war, sondern verabreden Sie einen Termin, wann über wichtige Themen gesprochen wird.

Fazit: *Die Verschlossenheit Jugendlicher ist ein Zeichen von Ablösung. Lassen Sie Ihrem Sohn den Rückzug. Aber fordern Sie auch ein, in gewisse Themen mit einbezogen zu werden.*

29. Mein Sohn respektiert mich nicht mehr!

Seit Monaten streiten mein 14-jähriger Sohn und ich uns täglich. Er weiß alles besser, lässt sich in schulischen Dingen nicht mehr von mir helfen und macht grundsätzlich nicht das, was ich ihm sage. In mir baut sich eine Riesenwut auf, und ich bin kurz davor, handgreiflich zu werden, aber das ist ja auch keine Lösung. Ich finde, es fehlt ihm an Respekt mir als Vater gegenüber. Wie bringe ich ihn zur Räson?

Sie befinden sich mit Ihrem Sohn in einem Machtkampf. Beide ringen Sie darum, wer der Sieger und wer der Verlierer ist. Als Vater haben Sie das Gefühl, den Kampf bereits verloren zu haben. Sie erleben Ihren Sohn mächtig und stark und glauben, er respektiere Sie nicht mehr. Zugleich verspüren Sie den Impuls, handgreiflich zu werden, denn mit körperlicher Stärke würden Sie Ihre väterliche Überlegenheit wiederherstellen. Dann wären Sie der Sieger, und Ihr Sohn wäre der Verlierer.

Die Gefahr, sich als Elternteil in einen Kampf ums Siegen und Verlieren einbinden zu lassen, ist in der Pubertät sehr groß, denn Jugendliche suchen die Herausforderung. Sie fühlen sich oft selbst als Verlierer und wollen in Auseinandersetzungen mit den Eltern ihre Stärke erproben. Als Vater können Sie den Machtkampf beenden, indem Sie die Regeln ändern. Die Frage ist nicht, wer gewinnt oder wer verliert, sondern was Ihr Sohn braucht und welche Not ihn zu dem Konflikt antreibt. Vermutlich muss er sich und Ihnen durch seinen Widerstand beweisen, dass er genauso stark sein kann wie Sie. Ein 14-Jähriger, der alles besser weiß und sich in schulischen Dingen nicht mehr vom Vater helfen lassen will, befindet sich in der für die Pubertät so typischen Phase des «Überfliegers», der glaubt, die Eltern nicht mehr zu brauchen. Aber eigentlich – und das ist die Crux – ist Ihr Sohn bedürftig. Er fühlt sich klein und hilflos und braucht die Anerkennung von Ihnen, wie erwachsen, stark und selbständig er bereits ist.

Nehmen Sie das rebellische Verhalten Ihres Sohnes nicht persönlich und geben Sie ihm so viel Anerkennung wie möglich. Lassen Sie ihn spüren, dass Sie viel von ihm halten. Darüber hinaus könnten Sie versuchen, den Machtkampf in eine spielerisch-körperliche Auseinandersetzung umzuleiten. Raufen, balgen oder boxen Sie mit Ihrem Sohn; nehmen Sie sich Zeit für Sportarten wie Badminton oder Tischtennis, bei denen Sie Ihre Kräfte messen können. Und achten Sie darauf, dass Ihr Sohn auch mal gewinnt.

Fazit: *Beenden Sie den Machtkampf und geben Sie Ihrem Sohn Anerkennung. Lenken Sie den Konflikt auf eine spielerisch-körperliche Ebene um, indem Sie gegenseitig beim Sport oder im Zweikampf Ihre Kräfte messen.*

Tipp: *Mit Schaumstoff- oder Aggressionsübungsschlägern können Sie zu zweit oder in Gruppen miteinander kämpfen – am besten im Garten oder Park. Durch die geringe Verletzungsgefahr müssen Sie weniger achtgeben als beim Ringen oder Boxen, sodass sich beide Seiten besser austoben können. Ist wirklich gut!*

30. Unser 12-jähriger Sohn möchte im Bett der Mutter schlafen

Ich bin alleinerziehend und lebe mit meinem Sohn (12) und meiner Tochter (10) in einem Haushalt. Das Problem ist, dass Benjamin, mein Sohn, in letzter Zeit ständig bei mir im Bett schlafen will, und ich frage mich, ob das noch normal ist. Er war schon immer ein sensibler Junge und hat die Trennung von seinem Vater nie richtig verkraftet. Die beiden sehen sich zwar regelmäßig, aber mein Sohn beklagt sich ständig bei mir, dass er seinem Vater egal sei. Mir tut das sehr leid, und ich möchte ihn nicht auch noch vor den Kopf stoßen, indem ich ihn einfach

aus dem Bett werfe. Andererseits befürchte ich, dass ich ihn zu
einem «Weichei» mache, wenn ich ihn weiter bei mir schlafen
lasse. Wie soll ich mich verhalten?

Grundsätzlich ist nichts Ungewöhnliches dabei, dass ein
12-Jähriger bei seiner Mutter im Bett schlafen will. Viele Jungen suchen häufig zu Beginn der Pubertät intensiv die Nähe
der Mutter, weil sie der Ablösungsprozess verunsichert. Man
spricht dabei von «Regression», was so viel heißt wie «Rückent-
wicklung», weil Kinder im Alter von vier oder fünf Jahren ein
ähnlich starkes Nähebedürfnis zu einem Elternteil entwickeln.
In Haushalten, in denen ein Ehemann oder Partner der Mutter
lebt, regulieren sich diese Nähewünsche meist von selbst, weil,
bildlich gesprochen, der Platz im Bett der Mutter besetzt ist.
Fehlt jedoch wie häufig bei Alleinerziehenden dieses männliche Regulativ, ist die Verlockung für den Jungen groß, sich
tatsächlich eng an die Mutter zu binden. Viele Jungen haben
sogar die Phantasie, die Rolle eines Ersatzpartners für die Mutter einnehmen zu können. Sie verschaffen sich so ein Gefühl
des Mannseins, das natürlich trügerisch ist, weil der Sohn ja
nicht wirklich der Partner der Mutter ist.

Auch die Trennung zwischen Ihnen und Benjamins Vater
könnte bei Ihrem Sohn die Illusion geweckt haben, er sei im
Vergleich zu seinem Vater der bessere Partner für Sie. Solche
Sohn-Vater-Rivalitäten sind normal, doch sie sollten für den
Sohn irgendwann in die Erkenntnis münden, den Platz neben
der Mutter nicht besetzen zu können. In Ihrem Fall hat Ihr
Sohn zwar Kontakt zum Vater, aber eine offene Rivalität fin-
det vermutlich nicht statt. Denn erstens ist der Vater nicht als
Ihr Partner präsent, und zweitens fühlt sich Ihr Sohn von ihm
nicht hinreichend anerkannt. Folglich muss sich die Rivalität

im Verborgenen abspielen, indem sich Benjamin zu Ihnen ins Bett legt und seinem Vater damit unterschwellig signalisiert: «Sieh her, ich hab deinen Platz eingenommen, und jetzt erkenn endlich an, dass ich meinen Job als Mann gut mache!»

Es ist gut möglich, dass sich Ihr Sohn in Kürze von selbst von Ihnen zurückzieht, wenn er seine erste Ejakulation bekommt und zunehmend das Verlangen verspürt, im eigenen Bett zu schlafen. Dennoch sollten Sie seinen pubertären Ablösungsprozess aktiv unterstützen. Achten Sie auf eine klare Abgrenzung. Äußern Sie immer mal wieder sanft, aber entschieden den Wunsch, alleine schlafen zu wollen. Sie tun Ihrem Sohn einen großen Gefallen damit, denn um Autonomie zu entwickeln, braucht er den Abstand von Ihnen. Wenn Sie den richtigen Ton treffen, stoßen Sie ihn nicht vor den Kopf, sondern zeigen ihm, dass er Ihr Sohn und nicht Ihr Partner ist und dass ihn das keinesfalls als «Mann» entwertet. Prüfen Sie dabei, ob Sie nicht selbst auch Wünsche und Erwartungen an Ihren Sohn haben. Vielleicht gefällt es Ihnen ja insgeheim, dass er bei Ihnen im Bett schläft. Stellen Sie Ihre eigenen Interessen in dieser Hinsicht zurück, sonst bieten Sie Ihrem Sohn den Platz neben sich auch tatsächlich an.

Was die Vater-Sohn-Beziehung betrifft, so sollten Sie Ihren Sohn dazu ermuntern, den Ärger gegenüber dem Vater offen auszudrücken. Benjamin soll es ruhig wagen, mehr Zuwendung vom Vater einzufordern. Vielleicht könnten Sie auch ein Gespräch mit dem Vater suchen und ihm klarmachen, dass der Sohn die väterliche Anerkennung zurzeit dringend braucht.

Fazit: *Jungen in der Pubertät suchen zu Beginn häufig noch die Nähe der Mutter. Vielleicht phantasiert sich Ihr Sohn auch in eine Rolle als Ihr Partner hinein. Unterstützen Sie seine Ablö-*

sung, indem Sie zunehmend den Wunsch äußern, alleine schlafen zu wollen.

31. Wie viel Familienzusammenhalt verträgt ein 16-Jähriger?

Unser 16-Jähriger will sich nicht mehr an Familienaktivitäten wie Abendessen oder Ausflügen beteiligen. Mein Mann und ich lassen ihm viele Freiheiten, aber wir finden, ein gewisses Maß an Familienzusammenhalt sollte beibehalten werden. Unser Sohn sieht das anders, und Gespräche diesbezüglich enden immer im Streit. Sollen wir nachgeben oder konsequent bleiben?

Es ist ein Zeichen von Autonomie, dass Ihr Sohn nicht mehr so viel Zeit mit Ihnen verbringen will. Im Zuge seiner Ablösung verlagern sich seine Interessen zunehmend in die Außenwelt. Freundschaften, Liebesbeziehungen und Freizeitaktivitäten mit Gleichaltrigen gewinnen an Bedeutung, während der Familienausflug am Sonntag eher «uncool» daherkommt. Dennoch: Dass Sie auf Familienrituale wie gemeinsame Abendessen oder Ausflüge Wert legen, hat auch seine Berechtigung, denn damit setzen Sie seinen Autonomiebestrebungen einen Halt gebenden Kontrapunkt. Ablösung bedeutet ja nicht, ihn einfach seines Weges ziehen zu lassen. Ablösung bedeutet, dass Sie die Zügel nach und nach lockern. Verhandeln Sie mit ihm, wie viel gemeinsame Zeit Sie von ihm erwarten und wie viel Zeit er mit Ihnen verbringen will. Versuchen Sie, einen Kompromiss zu finden. Vielleicht können die Familienausflüge gestrichen werden, aber an den Abendessen halten Sie fest. Doch seien Sie nicht enttäuscht, wenn sich Ihr Sohn gegen Ihre Regeln und Wünsche zur Wehr setzt. Es gehört zur Pubertät, dass Vereinbarungen ausgekämpft werden müssen. Nur so finden Jugendliche heraus, welcher Weg für sie der richtige ist.

Fazit: *Es ist normal, dass Ihr Sohn weniger Zeit mit der Familie verbringen will. Halten Sie an Familienritualen fest, aber seien Sie auch kompromissbereit. Vereinbarungen müssen ausgekämpft werden.*

32. Mein Sohn will zu seinem Vater ziehen!

Seit unserer Scheidung vor vier Jahren lebt unser gemeinsamer und einziger Sohn Frederick (15) bei mir. Das Verhältnis zwischen meinem Sohn und mir war immer sehr gut, während Frederick und sein Vater eher distanziert miteinander umgehen. Zumindest war das mein Eindruck. Vor zwei Tagen jedoch eröffnete mir mein Sohn, dass er vorhabe, zu seinem Vater zu ziehen, weil er diesen sehr vermissen würde. Ich habe aber den Verdacht, er will zu seinem Vater, weil ihm da keine Grenzen gesetzt werden. Der Sohn ist dem Vater nämlich schlichtweg egal. Wie kann ich dem Jungen das klarmachen?

Ich glaube, Sie tun Ihrem Sohn keinen Gefallen damit, wenn Sie ihm den Kontakt zum Vater verleiden. Frederick muss selbst herausfinden, was er vom Vater erwarten kann und was nicht. Etwaige Nähe- und Distanzkonflikte sollten die beiden selbst klären. Auch wenn Ihr Sohn «nur» zum Vater zieht, weil ihm dort weniger Grenzen gesetzt werden: Jungen brauchen ihren Vater, um sich von der Mutter zu lösen. Die Wünsche eines pubertierenden Jungen an seine Mutter bewegen sich zwischen Nähe und Abgrenzung. Dabei rütteln die Nähewünsche immer auch am Selbst- und Männlichkeitsbild des Jungen. Ein Junge, der sich nach dem Rockzipfel der Mutter sehnt – und das tun viele Jungen, auch wenn sie sich das nicht anmerken lassen –, läuft leicht Gefahr, vor sich selbst und anderen als Muttersöhnchen dazustehen. Um dies zu vermeiden, grenzen sich Jungen von der Mutter ab und demonstrieren ihr und sich selbst, dass sie anders als die Mutter sind. Der «Rockzipfel» des Vaters hingegen ist gefahrloser. Beim Vater darf ein Junge Kind sein, sich anlehnen und sich Rat holen, ohne sich in seiner Männlichkeit verunsichert zu fühlen. Zugleich sucht er im Vater einen Gegner, an dem er seine Kräfte messen und sich in männlicher Über- und Unterlegenheit ausprobieren kann.

Fühlen Sie sich nicht als Verliererin, wenn Ihr Sohn zu seinem Vater zieht. Ihr Ex-Mann ist nicht der bessere Elternteil, nur weil Ihr Sohn sich ihm verstärkt zuwendet. Durch die elterliche Trennung bleibt Frederick nichts anderes übrig, als Sie räumlich zu verlassen, wenn er den Kontakt zum Vater vertiefen will.

Fazit: *Söhne suchen die Nähe zum Vater, um sich von der Mutter zu lösen. Lassen Sie Ihren Sohn ausziehen, ohne sich als Verliererin zu fühlen.*

33. Mein Sohn will seinen Vater nicht mehr besuchen

Mein Mann und ich leben seit zwei Jahren getrennt. Unsere Kinder besuchen ihren Vater regelmäßig jedes zweite Wochenende. Nun hat unser Ältester (15) auf einmal keine Lust mehr, seinen Vater zu sehen. Er will seine Zeit lieber mit seinen Freunden verbringen. Während mein Mann darauf besteht, dass sein Sohn weiterhin zu ihm kommt, bin ich der Meinung, man sollte den

Jungen das selbst entscheiden lassen. Schließlich sollen Jugend-
liche doch allmählich eigene Wege gehen.

Eigene Wege sollen sie sehr wohl gehen, aber sie sollen sich nicht aus dem Staub machen! Besonders in Trennungsfamilien sollte der Kontakt zum auswärtig lebenden Elternteil durch regelmäßige Treffen aufrechterhalten werden. Die Frage ist, warum Ihr Sohn keine Lust mehr hat, seinen Vater zu sehen. Manchmal wollen Kinder Distanz zu einem getrennten Elternteil, weil sie mit dessen neuer Partnerin oder neuem Partner nicht einverstanden sind oder weil die neue Frau ein Kind bekommt. Möglicherweise schwelt ein Vater-Sohn-Konflikt, den der Sohn nicht anzusprechen wagt. Vielleicht macht Ihr Sohn auch insgeheim seinen Vater für die Trennung verantwortlich und solidarisiert sich mit Ihnen. Finden Sie heraus, was hinter dem Sinneswandel Ihres Sohnes steckt und ermuntern Sie ihn, den Vater weiterhin regelmäßig zu sehen. Jugendliche müssen lernen, nicht nur um sich und ihre Bedürfnisse zu kreisen, sondern Verantwortung für Beziehungen zu übernehmen. Vielleicht finden Sie einen Kompromiss, und er muss nicht das gesamte Wochenende beim Vater bleiben. Entscheidend ist nicht die Dauer, sondern die Regelmäßigkeit des Kontaktes und dass Ihr Sohn wieder Lust bekommt, seinen Vater zu sehen.

Fazit: *Ihr Sohn sollte regelmäßigen Kontakt zum Vater halten. Finden Sie gemeinsam mit ihm heraus, was ihm die Besuche verleidet.*

34. Mein Sohn vergöttert seinen Vater. Soll ich sein Bild korrigieren?

Seit mein Mann nicht mehr bei uns lebt, versucht er, den Unterhalt für unseren 16-jährigen Sohn zu drücken. Ich bin stinkwütend und frage mich, ob ich meinen Sohn davon in Kenntnis setzen soll. Während er mit mir seine Pubertätskämpfe ausficht, wird sein Vater von ihm vergöttert. Mein Sohn würde aber ein realistischeres Bild bekommen, wenn er die unangenehme Seite des Vaters auch erleben würde. Andererseits will ich in Gegenwart meines Sohnes nicht schlecht über seinen Vater reden.

Ich kann Ihren Ärger gut verstehen: Sie haben all die Arbeit am Hals, während Ihr Mann um den Unterhalt feilscht und obendrein vom Sohn vergöttert wird. Es ist häufig das Schicksal des alleinerziehenden Elternteils, Konflikte mit den Kindern auszutragen, während der andere Elternteil aufgrund der größeren räumlichen Distanz von den Kindern idealisiert wird. Ich finde, Sie sollten mit Ihrem Sohn über seinen Vater sprechen. Es ist Ihnen nicht zuzumuten, dass Sie nach jedem Telefongespräch mit Ihrem Mann vor Wut schäumen und sich vor Ihrem Sohn aus Angst, ein idealisiertes Vaterbild in ihm zu zerstören, verstellen müssen. Auch Ihrem Sohn ist damit nicht geholfen. Er kann ruhig erfahren, dass sein Vater versucht, den Unterhalt zu drücken. Möglicherweise ergibt sich daraus eine Vater-Sohn-Auseinandersetzung, in deren Verlauf der Sohn den Vater tatsächlich vom Sockel stoßen kann. Allerdings sollten Sie nicht hoffen, dass das passiert. Verlangen Sie keinen Stimmungswechsel von Ihrem Sohn. Er muss seinen eigenen Umgang mit seinem Vater finden. Sonst benutzen Sie den Unterhaltskonflikt, um ihn auf Ihre Seite zu ziehen. Trennen Sie scharf: Die ehelichen Konflikte sind Erwachsenen-Angelegenheit und gehen Ihren Sohn nur am Rande etwas an. Dass der Vater den Unterhalt zu drücken versucht, kann der Sohn ruhig wissen – aber mehr auch nicht.

Fazit: *Der Sohn darf ruhig wissen, dass der Vater um den Unterhalt feilscht. Aber erwarten Sie nicht, dass er seinen Vater deswegen weniger liebt.*

35. Vater und Sohn haben sich ständig in den Haaren

Mein Mann, der leicht auf 180 zu bringen ist, macht unseren 16-Jährigen wegen jeder Kleinigkeit zur Schnecke. Wenn es kracht, verhaken sich beide wie zwei Stiere mit ihren Hörnern. Als Mutter frage ich mich, ob ich eingreifen und meinen Sohn schützen soll, denn in meinen Augen sind die Angriffe meines Mannes grundlos und überzogen. Wie soll ich mich am besten verhalten?

Mütter verspüren häufig den Impuls, den Sohn vor dem Vater in Schutz nehmen zu müssen. In Ihrem Fall jedoch macht Ihr Sohn überhaupt nicht den Eindruck, als habe er Schutz nötig. Zwei Stiere, die sich mit ihren Hörnern verhaken, sind zwei gleichwertige Gegner. Vermutlich nervt Ihren Sohn die cholerische Seite Ihres Mannes gewaltig, und er wehrt sich dagegen, klein gemacht zu werden. Lassen Sie die beiden das auskämpfen. Für Ihren Sohn ist dies eine gute Gelegenheit, Durchsetzung zu üben. Erst wenn Sie den Eindruck haben, dass er sich den Angriffen Ihres Mannes nicht mehr widersetzen kann und beginnt, an Selbstvertrauen zu verlieren, sollten Sie einschreiten.

Fazit: *Zwei Stiere sind zwei gleichwertige Gegner. Lassen Sie die beiden ihre Probleme selbst auskämpfen!*

36. Was erwartet Väter, wenn ihr Sohn pubertiert?

Mein 13-jähriger Sohn kommt so allmählich in die Pubertät. Als Vater frage ich mich, welche neuen Aufgaben auf mich zukommen. Ändert sich meine Rolle, was muss ich beachten?

Die Rolle des Vaters ändert sich, wenn Söhne zu pubertieren beginnen. Wie ich schon erwähnt habe, begibt sich ein Junge mit Beginn der Pubertät verstärkt auf die Suche nach seiner Identität, vor allem nach seiner männlichen Identität. Als Vater sind Sie der Repräsentant erwachsener Männlichkeit, und Ihr Sohn wird sich an Ihnen orientieren wollen. An Vätern lesen Jungen ab, wie die Welt funktioniert, welche Gesetze im Leben gelten, was richtig und was falsch, was gerecht und was ungerecht, was männlich und was unmännlich ist. Väter stehen für die Außenwelt, das Berufliche, die sozialen Kontakte. Durch väterliche Vorbilder eignen sich Jungen moralische Normen und Werte, soziale Kompetenzen und eine Geschlechtsrollenidentität als Mann an. Doch selbstverständlich ist sich Ihr Sohn dessen nicht bewusst. Er eignet sich eine Identität an, indem er widersprüchliche Wünsche an Sie richtet. Dies können sein:

- **Anlehnung.** Ihr Sohn sucht Ihre Zuwendung, Nähe und Anerkennung. Wenn er in Not ist und Hilfe braucht, will er Ihren väterlichen Rat und Ihre Unterstützung. Jungen verbergen häufig, dass sie Hilfe brauchen, weil sie sich keine Blöße geben wollen. Jedoch bieten Väter in dieser Hinsicht oft auch wenig an! Damit verfestigen sich alte Rollenmuster, denn wie sollen Jungen lernen, über Gefühle zu sprechen, sich Hilfe zu holen oder Beziehungen aktiv zu gestalten, wenn sie es nicht von ihren Vätern lernen? Hinterfragen Sie Ihr eigenes Männlichkeitsbild: Wie einfühlsam und sensibel darf ein Vater sein, ohne an Männlichkeit einzubüßen?

- **Reibung.** Ihr Sohn sucht die Autorität in Ihnen. Durch Regeln, die Sie aufstellen, und Grenzen, die Sie setzen, verschafft er sich Orientierung. Zugleich gibt ihm das Gelegenheit, sich gegen Sie als Autorität aufzulehnen. Er soll ja kein Anpasser werden, sondern ein Erwachsener, der seinen eigenen Weg finden muss. Für Väter heißt das: Seien Sie nicht immer nur der nette Kumpeltyp, der partout keine Regeln aufstellen will. Eine Vater-Sohn-Beziehung sollte immer auch hierarchisch strukturiert sein. Jungen brauchen klare Ansagen, gegen die sie sich auflehnen und an denen sie sich abkämpfen können.
- **Wettkampf.** Durch spielerische Machtkämpfe und Raufereien versucht Ihr Sohn herauszufinden, wie stark er ist. Außerdem ist Kräftemessen zwischen Vater und Sohn ein lustvoller Weg, um aufgestaute Aggressionen rauszulassen.
- **Distanz.** Je älter Ihr Sohn wird, desto mehr wird er sich von Ihnen abgrenzen wollen. Er will auch anders sein als Sie, will eine eigene, von Ihnen unabhängige Identität entwickeln.

Fazit: *Jungen in der Pubertät haben vielschichtige Wünsche an Ihre Väter. Sie suchen Nähe, aber auch Wettkampf, Autorität und Distanz.*

DADDY COOL

Eine Studie der Technischen Universität Dortmund (2009) ergab: Väter können nicht damit umgehen, dass ihre Söhne weinen. Das hat zur Folge, dass sich Jungen ihren Vätern nicht anvertrauen.

Nur 9 Prozent der befragten Jungen gaben an, bei Tränen vom Vater getröstet zu werden. 43 Prozent sagten, der Vater würde sie verurteilen, wenn sie weinten, 48 Prozent würden vom Vater abgelenkt, und bei 56 Prozent ignorierte der Vater die Tränen. Hallo?!

(Quelle: Koch-Priewe et al.: Jungen – Sorgenkinder oder Sieger? Wiesbaden 2009)

37. Darf ich eigene Ängste formulieren, oder mache ich meinem Sohn damit ein schlechtes Gewissen?

Mein Sohn (16) versucht immer wieder, für die Wochenenden unbegrenzte Ausgehzeiten auszuhandeln. Ich verlange aber feste Zeiten, weil ich nicht schlafen kann, wenn er noch nicht zu Hause ist. Das sage ich ihm aber so nicht, weil ich ihm kein schlechtes Gewissen machen will. Meine Mutter hat mir das Ausgehen immer damit vermiest, dass sie mir ihr Nicht-schlafen-Können vorgehalten hat. Wie viele eigene Ängste kann man seinen Kindern zumuten?

Kann es sein, dass Ihre Mutter Ihnen generell ein schlechtes Gewissen gemacht hat? Grundsätzlich ist es völlig in Ordnung, wenn Eltern zur Konfliktentschärfung auch über ihre eigenen Gefühle sprechen. «Ich mache mir Sorgen, wenn du so spät nach Hause kommst», oder: «Ich kriege kein Auge zu, wenn ich weiß, dass du noch nicht da bist», klingt wesentlich transparenter, als wenn lediglich eine Regel aufgestellt wird. Sie könnten Ihrem Sohn Ihre zwiespältigen Gefühle auch mitteilen. Sagen Sie ihm, dass Sie nicht mit einem schlechten Gewissen operieren wollen, jetzt aber eine Grenze erreicht sei und er wissen solle, dass Sie nicht schlafen können, wenn er so spät nach Hause komme. Womit Sie aber recht haben: Eltern sollten Kinder nicht mit eigenen Sorgen und Ängsten überfrachten und die heimliche Erwartung haben, dass die Kinder für das Wohl der Eltern verantwortlich sind. Wenn Jugendliche ausgehen wollen, sollen sie ihren Spaß haben und nicht darüber nachdenken müssen, dass die Mutter kein Auge zubekommt. Eltern, die ständig Rücksicht einfordern, sich dauernd überlastet zeigen oder Sätze sagen wie: «Du machst mich traurig, wenn du dich so oder so verhältst», machen ihren Kindern in der Tat ein schlechtes Gewissen. Die Tatsache jedoch, dass Ihr Sohn hartnäckig um die Ausgehzeiten verhandelt und seinen Willen durchzusetzen versucht, zeigt, dass er relativ frei von Schuldgefühlen Ihnen gegenüber ist. Kinder, die sich ihren Eltern übermäßig verpflichtet fühlen, sind tendenziell eher angepasst und «vernünftig» und wollen den Eltern möglichst wenig Ärger bereiten. Überprüfen Sie, ob Sie dazu neigen, Ihrem Sohn ein schlechtes Gewissen zu machen, und wenn das nicht der Fall ist, konfrontieren Sie ihn ruhig mit Ihrem Befinden.

Fazit: *Eltern sollten über ihre Gefühle sprechen, aber ohne ihrem Sohn ein schlechtes Gewissen zu machen.*

SEXUALITÄT UND AUFKLÄRUNG

38. Wecken wir schlafende Hunde, wenn wir das Thema Verhütung ansprechen?

Meine Frau ist der Meinung, wir sollten mit unserem Sohn (12) möglichst früh über Verhütung sprechen, um eine vorzeitige Vaterschaft zu verhindern. Ich finde das bedenklich, denn durch solche Gespräche könnten wir auch schlafende Hunde wecken.

Was Sie unter schlafenden Hunden verstehen, nannte Freud «Latenzphase», also das Schulalter zwischen dem 6. Lebensjahr und dem Beginn der Vorpubertät. Latenz bedeutet, dass die Sexualität vor den geistigen Leistungen, die das Kind in der Schule erbringen muss, in den Hintergrund rückt. Sie «schlummert» gewissermaßen, wird «sublimiert», so der Fachbegriff. Doch es ist fraglich, ob Kinder heutzutage noch so einfach «sublimieren» können. Die sexuellen Hemmschwellen sind in den letzten 30, 40 Jahren gesunken, Sexualität ist öffentlicher geworden. Durch die Medien werden Kinder schon früh mit Sexualität konfrontiert; aber auch in der Schule, in der Nachbarschaft oder im Jugendfreizeitbereich schnappen sie sexuelle Begriffe auf, die sie nicht immer verstehen und zuordnen können. Umso wichtiger ist es, dass Eltern Gesprächsbereitschaft signalisieren und Kindern die Fragen beantworten, die sie beschäftigen. Was jedoch die Latenz im Vergleich zur Pubertät kennzeichnet, ist die Tatsache, dass Kinder sexuelle Themen zwar kognitiv, aber emotional noch nicht erfassen können. Ein 11- oder 12-Jähriger, der noch keine Ejakulationen hatte, mag aus Neugier einiges wissen wollen, interessiert sich am Ende aber doch mehr für Fußball, Computer oder Abenteuerspiele. Es liegt nicht in Ihrer Macht als Eltern, diese «schlafenden Hunde» zu wecken. Der sexuelle Reifungsprozess wird durch Hormone ausgelöst, nicht durch erzieherischen Einfluss. Bei Jungen ist es das Testosteron, das irgendwann die Spermienproduktion in Gang setzt.

Ich finde, Ihre Frau hat recht: Je früher Sie mit Ihrem Sohn über Verhütungsmethoden sprechen, desto geringer ist die Gefahr, dass er ungewollt Vater wird. Schließlich ist es einer der Gründe für Teenagerschwangerschaften, dass Jugendliche nicht ausreichend über Verhütung informiert sind und sich oft auch schämen, ihren Eltern zu diesem Thema Fragen zu stellen. Mit rechtzeitigen Gesprächen über Partnerschaft und Sexualität tun Sie Ihrem Sohn in zweierlei Hinsicht einen Gefallen. Erstens vermitteln Sie ihm nötige Informationen. Dadurch ersparen Sie es ihm, dass er durch Unwissenheit in peinliche Situationen gerät, frühzeitig Vater wird oder sexuellen Gefahren ausgesetzt ist. Zweitens signalisieren Sie ihm, dass Sie für sexuelle Themen offen sind. Sollte Ihr Sohn wirklich einmal in Schwierigkeiten geraten, dann weiß er, dass er in Ihnen einen vertrauensvollen Ansprechpartner hat.

Ihr Sohn wird Ihnen zeigen, ob er bereit ist, über sexuelle Themen zu sprechen. Drängen Sie ihm die Gespräche nicht auf, sondern testen Sie einfühlsam aus, wann der richtige Zeitpunkt gekommen ist.

Fazit: *Die sexuelle Reifung wird durch Hormone ausgelöst, nicht durch Erziehung. Seien Sie grundsätzlich bereit, mit Ihrem Sohn über Sexualität zu sprechen, aber drängen Sie ihn nicht, wenn er noch nicht so weit ist.*

39. Wie spreche ich mit meinen Söhnen über Sexualität, wenn sie gar nicht wollen?

Meine Söhne sind 13 und 15 Jahre alt – also genau im richtigen Alter, um über Verhütungsmittel aufgeklärt zu werden. Ich habe bereits mehrere Gesprächsversuche gestartet und Ratgeberbücher besorgt, die ich ihnen aufs Kopfkissen gelegt habe, aber ich ernte nur Schweigen. Meine Söhne interessieren sich eben mehr für Fußball. Wie spricht man als Mutter mit Jungen über Sexualität, wenn sie gar nicht wollen?

Wenn Ihre Söhne nicht mit Ihnen über Verhütung und Sexualität reden möchten, dann sollten Sie diese Grenze akzeptieren. Es gehört zum normalen Ablösungsprozess, die Mutter aus der sexuellen Entwicklung und den Gefühlen, die damit verbunden sind, herauszuhalten. Man kann sich nicht auf der einen Seite ablösen, wenn man sich auf der anderen Seite mit intimen Themen wie Sexualität öffnet. Mit Ihren Gesprächsversuchen und den Aufklärungsbüchern haben Sie Ihren Söhnen bereits gute Angebote gemacht, und wer weiß: Vielleicht trägt Ihre Vorarbeit Früchte, und die Bücher werden heimlich gelesen, oder Sie werden irgendwann um Rat gefragt. Wie Studien zeigen, holen sich Jungen ihre Informationen zu Partnerschaft und Sexualität auch von gleichaltrigen Freunden, Lehrerinnen und Lehrern, aus dem Internet oder aus Jugendmagazinen. Manche wenden sich an Beratungsstellen. Vielleicht sollten Sie beim nächsten Elternabend anregen, dass Mitarbeiter einer sozialen Einrichtung wie pro familia, die Arbeiterwohlfahrt, das Diakonische Werk oder die Caritas in den Klassen Ihrer Söhne Projekte zu Partnerschaft, Empfängnisverhütung und Sexualität durchführen. Häufig sprechen Jugendliche lieber mit Außenstehenden als mit den eigenen Eltern über Sexualität.

Fazit: *Es gehört zur Ablösung, dass Ihre Söhne nicht mehr mit Ihnen über Sexualität sprechen möchten. Regen Sie in der Schule an, dass Seminare zu Partnerschaft und Sexualität durchgeführt werden.*

40. Soll ich mit meinem frisch verliebten Sohn über Verhütung sprechen?

Mein 15-jähriger Sohn hat seit kurzem eine Freundin, sie ist seine erste große Liebe. Ich kann mir gar nicht vorstellen, dass Sexualität zwischen den beiden schon ein Thema ist. Nun meinte meine beste Freundin, die selber Mutter ist, ich solle unbedingt mit meinem Sohn über Verhütung sprechen, in der Parallelklasse sei gerade ein Junge Vater geworden. Ich habe aber Hemmungen, dieses in meinen Augen so unschuldige Verhältnis durch ein solches Gespräch zu verkomplizieren. Meine Freundin findet das riskant. Wie verhalte ich mich richtig?

Warum sollte Sexualität zwischen Ihrem Sohn und seiner Freundin noch kein Thema sein? Dass sich zwei 15-jährige Verliebte sexuell näher kommen, ist sogar sehr wahrscheinlich. Ich gebe Ihrer Freundin recht, und Sie sollten versuchen, mit Ihrem Sohn über Empfängnisverhütung, Partnerschaft und Sexualität ins Gespräch zu kommen. Möglicherweise reagiert er aufgeschlossen, denn ein 15-Jähriger, der seine erste große Liebe erlebt, hat viele Fragen und braucht in puncto Beziehungsgestaltung Rat und Unterstützung. Falls Ihr Sohn nicht mit Ihnen über diese Themen sprechen will, sorgen Sie dafür, dass er Informationen über Verhütungsmethoden erhält. Legen Sie ihm Broschüren hin oder nennen Sie ihm Beratungsstellen, an die sich das junge Paar mit Verhütungsfragen wenden kann.

Ich kann mir gut vorstellen, dass Sie Hemmungen haben, mit Ihrem Sohn über Sexualität zu sprechen, aber nicht nur, weil Sie das Pärchen schützen wollen, sondern auch sich selbst. Wenn ein Junge seine erste Freundin hat, ist er mit einem Mal nicht mehr der kleine, unschuldige Junge, sondern ein erwachsener, Sexualität lebender Mann. Dadurch verändert sich die Mutter-Sohn-Beziehung radikal. Gespräche über Partnerschaft, Verhütung und Sexualität finden nicht mehr ausschließlich auf der Mutter-Sohn-Ebene, sondern auch auf der Mann-Frau-Ebene statt. Eine Mutter, die mit ihrem erwachsen werdenden Sohn über Sexualität sprechen soll, begegnet in solchen Gesprächen immer auch dem Mann in ihm. Das kann für beide Seiten befremdlich sein. Darüber hinaus erleben Mütter die Freundin des Sohnes häufig als eine ernst zu nehmende Konkurrentin – auch wenn sie das nicht immer wahrhaben wollen. Die Freundin drängelt sich zwischen Mutter und Sohn und nimmt anscheinend der Mutter den Sohn weg. Das kann Gefühle von Eifersucht, Angst und Trauer auslösen – und es schwer machen, mit dem Sohn oder dem jungen Paar über Sexualität zu sprechen. Nehmen Sie solche Gefühle ernst, denn sie sind ein Teil des pubertären Prozesses. Nicht nur Ihr Sohn verändert sich, sondern auch Sie als Mutter.

Fazit: *Es kann für Mütter aus unterschiedlichen Gründen schwierig sein, mit Söhnen über Sexualität zu sprechen. Nehmen Sie Ihre Hemmung ernst, aber sorgen Sie auch dafür, dass Ihr Sohn Informationen über Verhütung und Sexualität erhält.*

41. Mangels Vater: Soll der Onkel mit meinem Sohn über Sexualität sprechen?

Ich bin alleinerziehend und habe zwei Töchter (12, 15) und einen Sohn (13). Während ich mit den beiden Mädchen schon über Sexualität gesprochen habe, verspüre ich meinem Sohn gegenüber eine gewisse Zurückhaltung, was dieses Thema betrifft. Ich finde, er sollte besser mit einem Mann sprechen. Nun hatte ich schon mal die Idee, meinen Bruder zu bitten, sich mit meinem Sohn zusammenzusetzen.

Sie sprechen die interessante Frage an, ob Jungen geschlechtsspezifisch, also vom Vater oder von einer anderen männlichen Bezugsperson, sexuell aufgeklärt oder beraten werden sollten. Fakt ist: In den meisten deutschen Haushalten ist noch immer die Mutter Ansprechpartnerin Nummer eins, was Gespräche über Sexualität angeht, und zwar für Mädchen (66%) und Jungen (51%) gleichermaßen (BZgA-Studie «Jugendsexualität» 2010). Fakt ist aber auch: Wenn der Vater als vertrauenswürdige Bezugsperson genannt wird, dann vor allem von Jungen (44%). Unterm Strich kommt heraus, dass Jungen hauptsächlich die Mutter als Ansprechpartnerin für sexuelle Fragen ansehen, sich aber auch gerne an den Vater oder eine andere männliche Erziehungsperson wenden, sofern die Möglichkeit dazu besteht.

Die Frage ist, wie vertraut die Beziehung zwischen Ihrem Bruder und Ihrem Sohn ist. Wenn Sie das Gefühl haben, dass sich beide gut verstehen – warum nicht? Allerdings brauchen Sie als Mutter nicht zurückhaltend zu sein. Sie sollten zumindest den Versuch starten, mit Ihrem Sohn genauso offen zu sprechen, wie Sie das mit Ihren Töchtern getan haben. Im Verlaufe eines solchen Gespräches werden Sie spüren, für welche Themen Ihr Sohn erreichbar ist und ob und bei welchen Themen es sinnvoller wäre, ihm einen männlichen Gesprächspartner anzubieten.

Fazit: *Wenn sich Onkel und Sohn gut verstehen, spricht nichts dagegen, ein Gespräch zu vermitteln. Aber auch Sie als Mutter sollten sich als Ansprechpartnerin zur Verfügung stellen.*

42. Unser Sohn provoziert uns mit Fragen zur Sexualität

Mein Sohn (12) hat vor kurzem begonnen, mir Fragen über Sexualität zu stellen. Ich hatte immer gedacht, dass mir das nichts ausmachen würde, weil ich mich für eine offenherzige und ungehemmte Mutter halte. Doch seine Fragerei geht mir zunehmend auf die Nerven. Nun bombardiert er mich erst recht, als wenn er meine Unsicherheit bemerken und das ausnutzen würde.

Mit den ersten Ejakulationen, die durchschnittlich zwischen dem 12. und 14. Lebensjahr einsetzen, endet die Vorpubertät und geht in die Kernphase der Pubertät über. Als 12-Jähriger befindet sich Ihr Sohn vermutlich gerade in einem Vakuum zwischen Vorpubertät und Pubertät. Entweder ist er kurz davor, seine ersten Ejakulationen zu bekommen, oder das geschieht gerade, und er ist damit beschäftigt, diese körperlichen und emotionalen Veränderungen zu verarbeiten. Vorpubertierende haben manchmal ein geringeres Schamgefühl als ältere Jugendliche, weil die sexuellen Gefühle noch nicht die genitale Ausprägung haben wie zu einem späteren Zeitpunkt in der Pubertät. Insofern haben Vorpubertierende häufig auch weniger

Hemmungen, ihre Eltern mit Fragen zu Sexualität zu löchern, die 15- oder 16-Jährigen nicht mehr so leicht über die Lippen kommen würden.

Vermutlich will Ihr Sohn Sie mit seinen Fragen aus der Reserve locken. Er will herausfinden, wie weit er gehen kann, was Sie aushalten können, was erlaubt und was verboten ist. Er ist aufgeregt, verwirrt, neugierig. Ihre Unsicherheit und Gereiztheit spornen ihn nur noch mehr an, denn natürlich will er wissen, warum Sie zurückschrecken, was Sie verunsichert. Doch diese Zeit geht vorbei. Je mehr er seine Sexualität entdeckt, desto weniger wird er seine Fragen so aufdringlich mit Ihnen besprechen wollen. Es wäre gut, wenn Sie diese Phase mit ihm durchstehen könnten, ohne sich Ihre genervte Stimmung allzu sehr anmerken zu lassen. Wenn Sie auf Fragen nicht antworten können oder wollen, geben Sie das unumwunden zu. Erklären Sie ihm in einem ruhigen Gespräch, dass auch Erwachsene bezüglich Sexualität nicht alles wissen und es Bereiche gibt, über die Sie nicht so gerne sprechen möchten, weil es Ihnen unangenehm ist. So lernt Ihr Sohn, dass es völlig in Ordnung ist, Schamgrenzen zu haben. Schenken Sie ihm Ratgeber- und Aufklärungsbücher zu Ihrer eigenen Entlastung. Falls sich Ihr Sohn Fremden gegenüber ähnlich provokativ verhält, sollten Sie ihm Grenzen setzen, denn Jugendliche müssen lernen, dass sich Sexualität auch an gesellschaftlichen Normen zu orientieren hat.

Fazit: *Zwölfjährige können noch recht unbefangen mit ihrer sexuellen Neugier umgehen. Signalisieren Sie ihm, dass Ihnen bestimmte Themen zu intim sind, aber achten Sie darauf, ihn nicht zu beschämen.*

43. Mein Sohn onaniert viel, ist das okay?

Mein Sohn (15) onaniert sehr häufig. Als Frau frage ich mich, ob das noch normal ist. Vor kurzem bin ich in sein Zimmer gekommen, als er sich schon wieder befriedigte. Die Situation war uns beiden äußerst unangenehm. Muss ich mal ein ernstes Wort mit ihm reden?

Es ist völlig normal, dass Jungen und junge Männer häufig masturbieren. Sie dürfen nicht vergessen, dass Ihr Sohn seine genitale Lust in diesem Ausmaß «soeben» erst entdeckt hat. Die Selbstbefriedigung ist ein legitimes Mittel, um Lust zu erleben und den eigenen Körper, sexuelle Phantasien und sexuelle Bedürfnisse kennenzulernen. Außerdem ist der Sexualtrieb bei Jungen durch den erhöhten Testosteronspiegel gesteigert. Mangels Partnerschaften ist Selbstbefriedigung für Pubertierende manchmal die einzige Möglichkeit, um Sexualität zu erleben. Bleiben Sie gelassen! Mit Selbstbefriedigung hat sich noch niemand Schaden zugefügt.

Die unangenehme Situation in seinem Zimmer würde ich nicht mehr ansprechen. Den meisten Jungen ist es äußerst peinlich, von der Mutter beim Masturbieren erwischt zu werden. Lust und Sexualität sind ein intimer, schambehafteter Bereich, zu dem Mütter nur noch bedingt Zugang haben. Bei vielen Jungen ist die Selbstbefriedigung mit einem schlechten Gewissen verbunden, weil die Sexualität allerhand Fragen und Unsicherheiten aufwirft. Ist es erlaubt, Lust zu verspüren? Könnte die Psyche Schaden nehmen, wenn man sich zu oft befriedigt? Kann man davon «süchtig» werden? Wie sind die sexuellen Phantasien einzuordnen, was ist «normal», was nicht? Sie können Ihren Sohn indirekt unterstützen, indem Sie folgende Punkte beachten:

- Signalisieren Sie eine positive Grundhaltung zu Sexualität und Selbstbefriedigung. Betrachten Sie Selbstbefriedigung nicht nur als Ersatz für partnerschaftliche Sexualität. Selbstbefriedigung ist eine eigenständige, legitime Form des Lusterlebens.
- Lassen Sie Ihrem Sohn seine Intimsphäre. Vermeiden Sie Gespräche über Selbstbefriedigung, es sei denn, er spricht Sie von sich aus an!
- Sorgen Sie dafür, dass er in Ihrer Wohnung eine Rückzugsmöglichkeit hat. Kommen Sie nicht zufällig in sein Zimmer. Regen Sie an, dass er seine Zimmertür auch abschließen kann.

Fazit: *Häufiges Masturbieren in der Pubertät ist normal. Sehen Sie über die peinliche Zimmersituation hinweg.*

Übrigens: *Der Begriff «Onanie» ist irreführend. Onan war eine biblische Figur, der die Witwe seines verstorbenen Bruders heiraten musste, um in dessen Namen Nachkommen zu zeugen. Doch weil er wusste, dass die Kinder nicht seine eigenen sein würden, ließ er seinen Samen «auf die Erde fallen und verderbte es, auf dass er seinem Bruder nicht Samen gäbe» (1. Mose 38). Onan hatte sich also nicht selbst befriedigt, sondern einen «Rückzieher» (Coitus interruptus) begangen – mit der Konsequenz, dass der Ärmste dafür von Gott getötet wurde.*

44. Eltern beim Knutschen erwischt

Neulich hat unser Sohn (16) meinen Mann und mich dabei erwischt, wie wir uns innig geküsst haben. Mir war das sehr unangenehm, aber mein Mann lacht darüber und meint, das sei überhaupt kein Problem. Wie sehen Sie das?

Sagen wir es mal so: Ich kann Ihr Schamgefühl gut verstehen, denn Ihr Sohn ist jetzt in einem Alter, in dem Sexualität eine große Bedeutung hat. In Pubertätsfamilien sind es nicht nur die Jugendlichen, die Schamgefühle entwickeln – auch Eltern verspüren häufig den Impuls, ihre partnerschaftliche Sexualität vor ihren Kindern zu verbergen. Ich erinnere mich an eine Mutter, die seit der Pubertät ihrer beiden Söhne nicht mehr mit ihrem Mann schlafen wollte, wenn sich die Jungen in der Wohnung aufhielten. «Ich kann Ihnen das nicht erklären», sagte sie, «aber die Vorstellung, dass die beiden etwas mitbekommen könnten, ist mir fast schon körperlich unangenehm!» Eine andere Mutter verkrampfte sich immer beim Sex, wenn sie das Gefühl hatte, ihre jugendlichen Kinder könnten sie hören. Sie sagte: «Vom Kopf her ist mir klar: Meine Kinder sollen ruhig wissen, dass ich Sexualität lebe. Aber gefühlsmäßig sollen sie mich nur als Mutter erleben, nicht aber als eine Frau, die Leidenschaft zeigt.»

Solange die eigenen Kinder noch nicht geschlechtsreif sind, ist die elterliche Sexualität ein eigener, klar von den Kindern abgegrenzter Bereich. Das ändert sich, wenn eines der Kinder in die Pubertät kommt. Mit der sexuellen Reifung können Jugendliche emotional nachvollziehen, wie es ist, sich innig zu küssen oder miteinander zu schlafen. Ein Sohn, der seine Mutter in einer sexuellen Situation «ertappt», sieht sie nicht mehr nur als Mutter, sondern auch als Frau, die sexuelle Gefühle hat.

Dadurch wird das Dreieck Vater-Mutter-Sohn neu herausgefordert. Ein 16-Jähriger, der seine Eltern beim Knutschen erwischt, kann für die Mutter immer auch ein potenzieller Liebhaber und Verführer und für den Vater ein potenzieller Rivale sein. Die zentrale Frage der Mutter lautet: Verrate ich mein Kind, wenn ich mich ihm in einer sexuellen Situation zeige, von der es ausgeschlossen ist?

Möglicherweise geht Ihr Mann gelassener mit der Situation um, weil sich sexuelle Themen zwischen Vater und Sohn nicht so nah anfühlen wie zwischen Mutter und Sohn. Vielleicht hätte er anders reagiert, wenn Sie von einer 16-jährigen Tochter erwischt worden wären. Und was Ihren Sohn betrifft: Vielleicht hat ihm die unerwartete Begegnung nicht das Geringste ausgemacht, und er freut sich, dass sich seine Eltern so gut verstehen. Insofern gebe ich Ihrem Mann recht: Die Situation war nicht problematisch.

Fazit: *Die Pubertät löst auch bei Eltern Schamgefühle aus. Für Ihren Sohn war die Situation vermutlich weniger brisant als für Sie.*

45. Unser Sohn ruft ständig bei Erotik-Hotlines an

Vor kurzem haben meine Frau und ich anhand unserer Telefonrechnung herausgefunden, dass unser Sohn (16) bei kommerziellen Telefonsexanbietern anruft. Wir haben die Nummern sofort gesperrt und ihn zur Rede gestellt. Er beteuerte, wie leid es ihm tue und dass es nicht wieder vorkommen werde. Doch kurz darauf rief er wieder bei diesen Hotlines an. Dieses Mal hat er sich durch eine Auskunft verbinden lassen. Meine Frau und ich fragen uns, ob er sexsüchtig sein könnte.

Ich würde einem 16-Jährigen noch nicht Sexsucht unterstellen. Ihr Sohn hat eine Regel verletzt, indem er sich – clever, clever – über eine Auskunft hat verbinden lassen, nachdem Sie die Rufnummern gewisser Telefonsexanbieter gesperrt haben. Diese Regelverletzung und die entstandenen Telefonkosten sollten Inhalt der Auseinandersetzung sein, nicht aber die sexuellen Bedürfnisse Ihres Sohnes.

Versetzen Sie sich in die Lage Ihres Sohnes: Mit 16 verfügt er noch nicht über genügend Selbstvertrauen, um Mädchen anzusprechen und partnerschaftliche Beziehungen einzugehen. Er verspürt einen starken sexuellen Drang, hat aber noch nicht die nötige Reife, um Sex auch real auszuleben. In seiner Phantasie ist Sexualität mit Gefühlen der Lust, aber auch der Angst behaftet. Dagegen ist Telefonsex eine Garantie für schnellen, unkomplizierten Sex. Die Dame am anderen Ende der Leitung ist geschult, auf die Bedürfnisse Ihres Sohnes einzugehen; sie verleiht ihm das Gefühl, begehrt, attraktiv und männlich zu sein. Bei ihr kann er sich seine Traumfrau vorstellen und seinen sexuellen Phantasien Raum geben. Er braucht sich nicht zu beweisen, hat keine Potenzprobleme und muss keine Angst haben, verlassen zu werden. Außerdem bedeutet Telefonsex für Jugendliche immer auch, in die Welt der Erwachsenen einzutauchen, sich deren Rituale anzueignen und etwas Verbotenes auszuprobieren. Versuchen Sie mit Ihrem Sohn über Sexualität ins Gespräch zu kommen. Vielleicht benötigt er Ihren väterlichen Rat. Bleiben Sie zugleich konsequent, was die Telefonkosten betrifft. Vereinbaren Sie mit ihm, die Kosten so niedrig zu halten, dass er die Gespräche von seinem Taschengeld bezahlen kann. Sollte er sich nicht an die vereinbarten Regeln halten, bleibt Ihnen nichts anderes übrig, als so viele Sex-Hotlines und Auskünfte wie möglich zu sperren.

Fazit: *Ihr Sohn ist nicht sexsüchtig, nur weil er bei Erotik-Hotlines anruft. Akzeptieren Sie seinen Wunsch nach Sexualität, aber konfrontieren Sie ihn mit den Telefonkosten!*

VORSICHT FALLE!

Jugendliche, die bei einer Erotik- oder Sex-Hotline anrufen, können leicht das Opfer von Abzocke werden. Hier zwei Beispiele:

1. Sie erhalten eine Rechnung, in der Sie zur Zahlung eines Telefonsex-Abos aufgefordert werden, das Ihr Sohn niemals abgeschlossen hat. Die Firmen behaupten, man sei allein durch den Anruf eine vertragliche Verpflichtung eingegangen. Dies ist aber rechtlich nicht haltbar. Falls Sie eine solche Rechnung bekommen: ab damit in den Müll! Wenn nötig, wenden Sie sich an die Verbraucherzentrale.

2. Ihr minderjähriger Sohn hat sich am Telefon mit einem Abo-Vertrag ködern lassen. Irrtum! Jugendliche unter 18 Jahren sind nur beschränkt geschäftsfähig. Sie benötigen die Zustimmung ihrer Eltern, um einen solchen Vertrag abzuschließen.

Zahlen müssen Sie allerdings, wenn Ihr Minderjähriger sogenannte Mehrwertnummern (0190/0900) anruft. Als Eltern und Anschlussinhaber sind Sie verpflichtet, solche Telefonate durch Rufnummernsperrung oder notfalls auch Wegschluss des Telefons zu verhindern.

46. Unser 15-Jähriger schaut Pornos

Neulich bin ich zufällig ins Zimmer meines Sohnes geplatzt, als er sich mit seinem besten Kumpel gerade am Computer einen Pornofilm angesehen hat. Beide sind erst 15! Wie kann ich ihn davon abhalten? Ich kann ihn doch nicht ständig kontrollieren! Seinen Computer durchsuchen will ich auch nicht – schließlich ist das seine Privatsphäre.

Zunächst: Eltern sollten bei einem 15-Jährigen nicht mehr zufällig ins Zimmer platzen. Pubertierende brauchen einen Bereich, in dem sie Dinge tun können, die Eltern nichts angehen, auch wenn diese Dinge manchmal verboten sind. Aber davon einmal abgesehen: Es ist für Eltern kaum möglich, den Pornokonsum ihrer heranwachsenden Kinder zu kontrollieren, denn Jugendliche haben heute leichte Zugangsmöglichkeiten. In der Clique und in der Schule werden unter der Hand Sexfilme ausgetauscht, im Internet reichen ein paar Klicks, und man hat die entsprechenden Seiten aufgerufen. Zwar wird im Internet die Volljährigkeit abgefragt, diese kann jedoch häufig durch einen einfachen Mausklick bestätigt werden, ohne dass eine Überprüfung stattfindet. Außerdem unterliegen Porno-Websites auf ausländischen Servern mitunter anderen gesetzlichen Bestimmungen, sodass Jugendliche auch hier einen leichten Zugang finden können. Das heißt: Auch wenn der Pornokonsum für Minderjährige gesetzlich verboten ist, haben die meisten Jungen bereits vor ihrem 18. Lebensjahr Pornofilme gesehen.

Nun ist Pornographie nicht gleich Pornographie. Der Gesetzgeber unterscheidet zwischen einfacher oder weicher und harter Pornographie. Während einfache Pornographie für Personen über 18 Jahren freigegeben ist, sind die Herstellung, der

Besitz und die Verbreitung von harter Pornographie grundsätzlich verboten.

Unter einfacher oder weicher Pornographie versteht man sexuelle Handlungen, die

- gezielt auf die sexuelle Erregung des Betrachters ausgerichtet sind
- alle sonstigen sexuelle Handlungen in übersteigerter Weise darstellen
- menschliche Bezüge ausklammern
- eindeutig die Grenzen des sexuellen Anstands überschreiten

Harte Pornographie umfasst die Darstellung sexueller Handlungen

- in Verbindung mit Gewalt
- in Verbindung mit sexuellem Missbrauch von Kindern
- in Verbindung mit Sodomie, also den sexuellen Handlungen von Menschen an Tieren

Die meisten Jugendlichen kommen im Laufe ihrer Pubertät zumindest mit einfacher Pornographie in Berührung. Die Motive dafür sind vielfältig. Grundsätzlich dienen Pornos Erwachsenen wie Jugendlichen der sexuellen Erregung. Viele Pornokonsumenten nutzen Sexfilme, Fotos oder Erotikmagazine als sexuelle Stimulation, sowohl einzeln, als Paar oder in der Gruppe. Oft werden Pornos auch bei der Selbstbefriedigung hinzugezogen. Doch im Vergleich zu Erwachsenen betrachten Jugendliche Pornographie häufig als Informationsquelle. Sie versuchen sich anzueignen, welche Sexualpraktiken Erwachsene leben, welche Regeln, Normen und Werte beim Sex gelten oder – schlicht formuliert – wie Sex funktioniert. Auch erfahren Jugendliche durch Pornos, dass es in Ordnung ist, Lust zu erleben, wodurch sexuelle Schuldgefühle und Hemmungen überwunden werden können. Zudem spielen Gruppenzwang und das Austesten von Regeln und Grenzen eine Rolle. Jungen sehen Pornofilme, weil es andere Jungen auch tun und weil sie mitreden und zur Gruppe der anderen Jungen dazugehören wollen. Das Gefühl, eine Verbotsgrenze zu überschreiten, kann ebenso reizvoll sein wie das Hinein-Beamen in die Welt der Erwachsenen. Wer Pornos schaut, tut etwas, das Erwachsene auch tun. Insofern gehört der Pornokonsum immer auch zum Erwachsen- und Mannwerden dazu.

Doch selbstverständlich hat Pornographie auch negative Konsequenzen für die jugendlichen Betrachter.

- Pornos bilden und festigen Geschlechtsrollenstereotypen, indem sie – häufig subtil – Männer als dominant und Frauen als willige, sich mit den eigenen sexuellen Bedürfnissen dem Mann unterordnende Sexualpartnerinnen zeigen
- Pornos fördern bei Jungen sexuellen Leistungsdruck, indem sie ausdauernde männliche Sexdarsteller zeigen, die mit der jugendlichen Realität oft wenig gemein haben
- Pornos greifen bindungsbezogene Werte wie Liebe, Treue, Einfühlung oder Rücksicht nicht auf und stellen solche Werte damit in Frage
- Harte Pornos konfrontieren Jugendliche mit sexuellen Grenzüberschreitungen und Gewalt

Vermutlich ergibt es wenig Sinn, den Sohn auf seinen Pornokonsum hin zu kontrollieren oder auf das gesetzliche Verbot zu pochen. Wie schon erwähnt, würde Ihr Sohn keine Schwierigkeiten haben, an Pornomaterial heranzukommen, sodass Kontrolle und Verbote nichts nützen würden. Ein Verbot könnte sogar das Gegenteil bewirken, indem sich Ihr Sohn nach dem Motto «Jetzt erst recht!» herausgefordert fühlen würde. Setzen Sie sich stattdessen mit Ihrem Sohn zusammen und vermitteln Sie ihm andere Werte bezüglich Partnerschaft und Sexualität, als sie in Pornos vertreten werden. Korrigieren Sie das überzogene und Leistungsdruck erzeugende Bild von Männlichkeit und sensibilisieren Sie ihn für ein selbstbestimmtes Frauenbild. Sprechen Sie mit ihm über die Gefahren von harten Pornos, denn Jugendliche, die damit in Berührung kommen, haben oft Schwierigkeiten, das Erlebte zu verarbeiten. Schaffen Sie eine vertrauensvolle Atmosphäre, die Ihrem Sohn signalisiert, dass er sich im Notfall an Sie wenden kann.

Fazit: *Mit Kontrolle und Verboten werden Sie nicht verhindern können, dass sich Ihr Sohn Pornos ansieht. Sprechen Sie stattdessen mit Ihrem Sohn über die Werte, die in Pornos vermittelt werden.*

47. Kann Homosexualität eine pubertäre Übergangsphase sein?

Vor kurzem hat uns unser Sohn (16) anvertraut, dass er homosexuell ist. Ich weiß nicht, wie ernst man so eine Aussage nehmen sollte. Ist es nicht normal, dass man mit 16 über seine Neigungen im Unklaren ist? Könnte das nicht eine Art «pubertäre Übergangsphase» sein?

Es ist gut möglich, dass 16-Jährige über ihre sexuelle Orientierung im Unklaren sind und eine Art homosexuelle «Übergangsphase» durchleben. Einer meiner erwachsenen Klienten erinnerte sich während einer Therapiesitzung an seine homosexuellen Phantasien als Jugendlicher. Er sagte: «Ich hatte einen besten Freund, den habe ich immer bewundert, weil er körperlich stärker war als ich und mich beschützte, wenn andere Jungs mich verhauen wollten. Eine Zeit lang fühlte ich mich sexuell zu ihm hingezogen, das hat mich stark verunsichert. Schwul bin ich deswegen aber nicht geworden.» Ein anderer Klient erinnerte sich, dass er während seiner Pubertät beim Masturbieren auch an Jungen dachte: «Ich stellte mir die Beine eines Jungen in Sporthose vor und manchmal auch den Penis, aber niemals die ganze Person. Das erregte mich sehr, verwirrte mich aber auch. Irgendwann waren die Phantasien verschwunden.»

Homosexuelle Phantasien in der Pubertät drücken häufig die Suche nach Männlichkeit aus. Sie spiegeln den Wunsch vieler heterosexueller Jungen, sich über die Vereinigung mit der Männlichkeit des anderen eine eigene männliche Identität anzueignen. Die meisten spüren jedoch, dass sie in ihrer sexuellen Orientierung vorwiegend heterosexuell ausgerichtet sind, und sie würden nicht auf die Idee kommen, sich bei ihren Eltern als schwul zu outen. Wenn sich Ihr Sohn zu seiner Homosexualität bekennt, dann können Sie davon ausgehen, dass er sich über seine homosexuelle Orientierung im Klaren ist. Statistisch gesehen entdecken Jungen ihre Homosexualität am häufigsten zwischen dem 14. und dem 17. Lebensjahr. Die meisten reagieren schockiert und mit Gefühlen der Scham, weil sie glauben, anders zu sein als die Jungen aus ihrer Klasse oder Clique. Sie fühlen sich ausgegrenzt, ziehen sich in ein Innenleben zurück und machen ihre Sorgen und Nöte mit sich alleine aus. Helfen Sie Ihrem Sohn beim Coming-out, indem Sie ihm das Gefühl geben, hinter ihm und seiner sexuellen Orientierung zu stehen.

Fazit: *Ein 16-Jähriger, der sich gegenüber seinen Eltern outet, ist sehr wahrscheinlich tatsächlich schwul. Helfen Sie Ihrem Sohn beim Coming-out.*

DIE FÜNF PHASEN DES COMING-OUTS

- **Verwirrung:** Die Betroffenen werden sich zögerlich ihrer homosexuellen Gefühle bewusst. Häufig gibt es dafür einen Auslöser wie eine Filmszene oder einen Gesprächsfetzen, den sie aufgeschnappt haben. Innerlich wehren sie sich dagegen und reden sich ein, sich zu täuschen.

- **Isolation:** Gleichzeitig wird den Betroffenen klar, dass sie sexuell nicht so empfinden wie die Mehrheit der Gesellschaft und dass sie sich in dieser Hinsicht grundlegend von ihrer Familie und ihrem Freundeskreis unterscheiden. Sie haben nicht den Mut, sich als homosexuell zu erkennen zu geben, und wagen es auch nicht, Liebesbeziehungen aufzunehmen. Gefühle von Sehnsucht können nicht erwidert werden. Das führt zu Rückzug, Isolation und Depression.

- **Annäherung:** Ist die Krise einmal überwunden, kann die homosexuelle Orientierung allmählich angenommen werden. Jetzt geht es um die Frage, ob man sich den Eltern oder den besten Freunden anvertrauen sollte.

- **Stolz:** Schwule und Lesben haben jetzt ein positives Gefühl zu ihrer Homosexualität und outen sich zunehmend. Viele neigen zu einer Idealisierung von Homosexualität und finden, dass die ganze Welt lesbisch oder schwul sein sollte.

- **Integration:** Die Betroffenen erkennen, dass die sexuelle Orientierung nicht die gesamte Persönlichkeit bestimmt, sondern nur ein Teil von vielen anderen Aspekten ist. Es gelingt ihnen, sich als Homosexuelle in eine heterosexuelle Gesellschaft zu integrieren und sich darin zurechtzufinden.

REGEL- UND GRENZVERLETZUNGEN

48. **Wir sind uneinig über Regeln**

Meine Frau und ich haben häufig Differenzen wegen der Erziehung unseres Sohnes Richard (15). Zum Beispiel haben wir mit ihm vereinbart, dass er bis zum Abendessen seine Hausaufgaben gemacht haben soll. Doch er hält sich kaum daran. Wenn ich ihn zur Rede stelle, stärkt ihm meine Frau den Rücken, spielt sein Verhalten herunter und meint, das sei in dem Alter normal. Anderes Beispiel: Ich finde, Richard könnte im Haushalt mehr mit anfassen. Wenn ich ihn bitte, die Spülmaschine auszuräumen, übernimmt meine Frau das. Mir wirft sie in Gegenwart des Jungen vor, ich sei kleinkariert und rechthaberisch. Manchmal fühle ich mich vor meinem Sohn regelrecht lächerlich gemacht. Ist es nicht bedenklich, dass wir uns so uneins sind?

Normalerweise ist es kein Problem, wenn sich Eltern in Erziehungsfragen uneinig sind, ganz im Gegenteil, es kann sogar wünschenswert sein. Unterschiedliche Erziehungspositionen bewirken, dass Eltern von Jugendlichen nicht als Front erlebt werden, sondern als zwei Individuen mit eigenen Meinungen. Die unterschiedlichen Positionen können einen Lernprozess in Gang setzen und Jugendliche in die Lage versetzen, sich eine eigene Meinung zu bilden. Jedoch sollten Eltern darauf achten, dass die Sicht eines jeden Elternteils ausgewogen Gewicht erhält. Mal ist die Mutter im Recht und der Vater gibt nach, mal ist der Vater im Recht und die Mutter gibt nach. Ansonsten besteht die Gefahr, dass sich ein Elternteil ausgegrenzt oder als Verlierer fühlt. Ich habe den Eindruck, als hätte sich zwischen Ihrer Frau und Ihrem Sohn eine Koalition gebildet. Von Koalitionen spricht man, wenn zwei Familienmitglieder ein zumeist heimliches Bündnis gegen ein drittes Familienmitglied geschlossen haben. Eine Allianz dagegen wäre ein offenes Bündnis, das nicht die Ausgrenzung eines anderen Familienmitgliedes nach sich zieht. Wenn sich Eltern in Gegenwart ihrer heranwachsenden Kinder über Erziehungsfragen auseinandersetzen, sollte dies immer den Charakter einer Allianz haben. Es sollte allen Beteiligten bewusst sein, dass sich zum Beispiel die Mutter gerade mit dem Sohn zum Thema Ausgehzeiten verbündet, dass dieses Bündnis aber jederzeit wieder aufgelöst werden kann und der Vater sich dadurch nicht ausgeschlossen oder klein gemacht fühlt. Ihr Gefühl, von Ihrer Frau vor Ihrem Sohn lächerlich gemacht zu werden, könnte auf eine Mutter-Sohn-Koalition hindeuten. Die Frage ist, wie es dazu kommen konnte. Meines Erachtens haben Sie weniger ein Erziehungsproblem als vielmehr einen Paarkonflikt. Versuchen Sie, gemeinsam mit Ihrer Frau eine Lösung zu finden, aber in Paargesprächen und nicht in Gegenwart Ihres Sohnes. Stärken Sie die elterliche Allianz.

Fazit: *Grundsätzlich sind Erziehungsdifferenzen in Gegenwart Heranwachsender in Ordnung. Jedoch sollten Sie darauf achten, dass sich nicht ein Elternteil als Verlierer fühlt. In Ihrem Fall geht es weniger um eine Erziehungs- als um eine Paarproblematik.*

49. Sind wir zu streng bei den Ausgehzeiten?

Die Konflikte mit unserem Sohn (16) entzünden sich hauptsächlich am Thema Ausgehzeiten. Sein bester Freund (16) darf am Wochenende unbegrenzt wegbleiben, sofern die Eltern wissen, wo er sich aufhält. Unser Sohn verlangt eine ähnliche Regelung. Meiner Frau und mir ist das jedoch zu lasch. Wir sind der Meinung, dass am Wochenende um Mitternacht Schluss sein sollte, wobei wir bereit sind, Ausnahmen zuzulassen. Während der Schulzeit muss er unter der Woche um halb zehn zu Hause sein, was er aber immer wieder durch Zuspätkommen boykottiert. Am liebsten hätte er gar keine Begrenzung. Sind wir zu streng?

Ich finde, Sie könnten die Zügel lockern. Warum muss Ihr Sohn unter der Woche um halb zehn zu Hause sein, warum am Wochenende um Punkt zwölf? Wenn Sie die Zeit so exakt festlegen, fordern Sie geradezu eine Regelverletzung heraus und laufen Gefahr, sich in einen Machtkampf zu verstricken. Wichtig ist aber nicht die Uhrzeit – wichtig ist, dass er seinen Schulpflichten nachkommt und genügend Schlaf hat, um am nächsten Tag dem Unterricht folgen zu können. Vermutlich erlebt Ihr Sohn das Zeitlimit als Kontrolle, nicht aber als nachvollziehbare Fürsorge seiner Eltern. Sie als Eltern wiederum fühlen sich in Ihrer elterlichen Autorität in Frage gestellt, weil Ihr Sohn Ihre Zeitvorgaben nicht punktgenau befolgt.

Beenden Sie den Machtkampf, indem Sie gemeinsam mit Ihrem Sohn eine Vereinbarung über sein Heimkommen «erarbeiten». Dass Sie grundsätzlich eine Ausgehzeit festlegen möchten, ist richtig, aber Sie sollten sich über eine Richtzeit verständigen, die nicht auf die Minute eingehalten werden muss. Vielleicht sollten Sie die Zeiten unter der Woche ausdehnen und beobachten, was passiert. Ihre Angst ist vermutlich, dass Ihnen Ihr Sohn bei einer großzügigen zeitlichen Begrenzung entgleiten könnte, aber möglicherweise irren Sie sich. Auch was die Wochenenden betrifft, sollten Sie weniger streng sein. Sie könnten mit ihm vereinbaren, dass er Sie anruft, wenn er zur vereinbarten Zeit nicht zu Hause sein kann oder länger ausbleiben will. Vermitteln Sie Ihrem Sohn, dass es nicht um Kontrolle geht, sondern um eine zeitlich begrenzte elterliche Mitsprache zu seinem eigenen Schutz.

Fazit: *Vereinbaren Sie gemeinsam mit Ihrem Sohn die Zeiten neu. Lassen Sie ihm mehr Freiraum und beobachten Sie, was passiert.*

DAS SAGT DER JUGENDSCHUTZ

Anders, als viele Eltern glauben, regelt das Jugendschutzgesetz nicht, wie lange sich Kinder und Jugendliche in der Öffentlichkeit aufhalten dürfen. Es ist Aufgabe der Eltern, zu entscheiden, wo und wie lange sich ihre Kinder «herumtreiben» dürfen. Verboten ist nur der Aufenthalt an jugendgefährdenden Orten, wo sie zum Beispiel mit Drogen oder Prostitution in Kontakt kommen könnten.

Der Besuch von Gaststätten und Tanzveranstaltungen darf Kindern und Jugendlichen unter 16 Jahren gestattet werden, wenn sie von einem Erziehungsberechtigten oder einer über 18-jährigen Betreuungsperson begleitet werden. Ohne Begleitung dürfen Kinder und Jugendliche eine Gaststätte nur in der Zeit zwischen 5 und 23 Uhr aufsuchen und auch nur dann, um dort eine Mahlzeit oder ein Getränk einzunehmen. 16- und 17-jährige Jugendliche dürfen sich bis Mitternacht ohne Beschränkung in Gaststätten aufhalten; sie brauchen nur zwischen 24 und 5 Uhr erzieherische Begleitung. Unter «Gaststätte» versteht man übrigens nicht nur Kneipen und Restaurants, sondern auch Diskotheken, Cafés und Internet-Cafés. Achtung: Nachtbars und Nachtklubs sind für Jugendliche unter 18 Jahren generell verboten!

Was Diskotheken und Pop-Konzerte betrifft, ist Kindern und Jugendlichen unter 16 Jahren der Besuch nur in Begleitung Erziehungsberechtigter oder einer über 18-jährigen Betreuungsperson erlaubt. Jugendlichen über 16 Jahren ist der Besuch solcher «Tanzveranstaltungen» auch ohne Begleitung erlaubt – aber nur bis Mitternacht. Ausnahme: Wenn die Veranstaltung von einem anerkannten Träger der Jugendhilfe organisiert wird, dürfen Kinder unter 14 Jahren bis 22 Uhr und Jugendliche unter 16 Jahren bis 24 Uhr daran teilnehmen.

50. Seit wir getrennt sind, verweigert sich mein Sohn

Mein Mann ist vor einem halben Jahr wegen einer anderen Frau ausgezogen. Seitdem bringt mich mein 15-Jähriger mit seiner Verweigerungshaltung zur Verzweiflung. Obwohl er eigentlich immer ein ganz guter Schüler war, ist er zurzeit vollkommen unkonzentriert und kassiert eine Fünf nach der anderen. Zu Hause hält er sich an keine Absprachen, übernimmt keine häuslichen Pflichten mehr und kommt abends heim, wann er will. Seine ganze Wut auf sich und die Welt lässt er an mir aus. Einige Male schon hat er seine Tasche gepackt und gesagt, er werde zu seinem Vater ziehen. Wenn ich dann antworte, dass er das doch bitte schön tun soll, schließt er sich in sein Zimmer ein und weint. Leider ist mir mein (Noch-)Mann auch keine Hilfe. Er sagt, das würde sich irgendwann schon wieder einrenken. Mich belastet die ganze Situation sehr. Wie bekomme ich meinen Sohn in den Griff?

Meines Erachtens geht es nicht darum, Ihren Sohn in den Griff zu bekommen, sondern ihm dabei zu helfen, den Verlust des Vaters zu verarbeiten. Mit 15 Jahren braucht Ihr Sohn seinen Vater dringend als Vorbild, Vertrauten und Reibungspartner, und genau zu diesem Zeitpunkt ist er von ihm verlassen worden. Ein halbes Jahr ist kein ausreichend langer Zeitraum, um mit solch einem Verlust fertig zu werden. Wenn ich Ihre Frage richtig interpretiere, dann zeigt sich Ihr (Ex-)Mann in der Beziehung zu seinem Sohn nicht engagiert. Vermutlich ist er mit seiner Aufmerksamkeit ganz bei der neuen Partnerin, und Ihr Sohn fühlt sich zu Recht von ihm alleingelassen. Insofern ist Ihre etwas trotzige Reaktion in Streitsituationen, er möge zu seinem Vater ziehen, ein schlechter Rat, denn Ihr Sohn spürt instinktiv, dass der Vater für ihn zurzeit nicht offen ist. Außerdem will Ihr Sohn Sie mit Sicherheit nicht verlassen, auch wenn Sie momentan die Zielscheibe für seine Wut sind. Vielleicht wirft er Ihnen insgeheim vor, dass Sie Ihren Mann nicht haben halten können. Auch ist der Vater durch die räumliche und zeitliche Distanz für seinen Sohn schwerer erreichbar, sodass Sie als der daheimgebliebene Elternteil viel abbekommen. Versuchen Sie, seine Wut auszuhalten. Sie ist Ausdruck seines Versuchs, den Verlust des Vaters zu bewältigen. Darüber hinaus:

- Vermeiden Sie Machtkämpfe. Ihr Sohn benötigt in Ihnen jetzt mehr eine Vertraute als eine Reibungsfläche. Sprechen

Sie mit ihm über den Verlust des Vaters und spenden Sie Trost. Regen Sie sich nicht über die schlechten Zensuren auf, sie sind Ausdruck seiner momentanen psychischen Krise. Auch die Beteiligung am Haushalt sollte zurzeit kein Thema sein.

• Sorgen Sie dafür, dass Ihr Sohn einen männlichen oder weiblichen Ansprechpartner bekommt, mit dem/der er über seine Sorgen und Nöte sprechen kann. Dies kann ein Onkel oder eine Tante, ein enger Freund oder eine enge Freundin, aber auch ein professioneller Berater oder Therapeut sein.

• Verbringen Sie mehr Zeit mit Ihrem Sohn, unternehmen Sie verstärkt etwas mit ihm. Suchen Sie nach einer Freizeitbeschäftigung, die ihm Spaß macht und die er gerne mit Ihnen teilen würde.

• Versuchen Sie, Ihren (Ex-)Mann mehr in die Verantwortung zu nehmen – auch wenn die Paarsituation zurzeit möglicherweise schwierig ist. Ihr (Ex-)Mann sollte sich deutlich mehr um seinen Sohn kümmern.

Fazit: *Helfen Sie Ihrem Sohn, den Verlust des Vaters zu verarbeiten. Entwickeln Sie Verständnis in einer für alle sehr schwierigen Situation.*

51. **Mein Sohn will sich nicht mehr an Regeln halten!**
Ich bin alleinerziehende Mutter eines 13-Jährigen, der zurzeit extrem aufsässig ist. Er ignoriert meine Anordnungen wie zum Beispiel, das schmutzige Geschirr aus seinem Zimmer in die Küche zu tragen oder auch mal den Müll runterzubringen. Auch hält er sich an keine Vereinbarungen mehr. Zum Beispiel

hatten wir ausgemacht, dass wir um 18 Uhr alle zusammen (ich habe noch eine jüngere Tochter) zu Abend essen oder dass nicht ferngesehen wird, bevor die Hausaufgaben gemacht sind. Wenn ich von ihm fordere, sich an Regeln zu halten, tickt er völlig aus und brüllt mich an. Es ist zum Verzweifeln!

Ich finde, Sie machen Ihre Sache ausgesprochen gut! Dass Ihr Sohn sein verkrustetes Geschirr in die Küche bringen soll, ist ihm zuzumuten, genauso, wie hin und wieder den Müll runterzutragen. Auch ein gemeinsames Essensritual ist sinnvoll, zumal Kinder Rituale brauchen und Sie zumindest in den ersten Pubertätsjahren daran festhalten sollten. Und nicht fernzusehen, bevor die Hausaufgaben erledigt sind, ist ebenfalls eine kluge Regelung. Allerdings: Dass Ihr Sohn Ihnen dafür nicht vor Dank die Füße küsst, sollten Sie hinnehmen. Jugendliche brauchen klare Ansagen und zugleich einen geschützten Rahmen, in dem sie den Konflikt auskämpfen können zwischen Regeln einhalten müssen und den eigenen Weg finden wollen. Die Familie bietet diesen Rahmen. In der Reibung mit Ihnen kann Ihr Sohn lernen, Protest zu wagen, seinen Willen kundzutun und sich zugleich notwendigen Familienregeln unterzuordnen. Vielleicht sollten Sie als Mutter nicht erwarten, als Bestimmerin und Regelhalterin geliebt zu werden. Auch wenn Ihr Sohn Ihnen das nicht zeigt, ist er im Grunde dankbar für den Halt, den Sie ihm durch Ihr konsequentes Verhalten geben. Nehmen Sie seinen Widerstand gelassener und bleiben Sie im Konflikt.

Fazit: *Erwarten Sie keinen Dank dafür, dass Sie Regeln aufstellen und auf Vereinbarungen pochen. Jugendliche brauchen klare Ansagen.*

SO LASSEN SICH REGELN BESSER BEFOLGEN

Transparenz. Jugendliche können sich an Regeln besser anpassen, wenn sie den Sinn begreifen und nachvollziehen können. Regeln, die willkürlich und autoritär erscheinen, reizen erst recht zum Widerstand. Begründen Sie die Regeln Ihrem Sohn gegenüber, aber lassen Sie sich nicht auf lange Diskussionen ein!

Hierarchie. Seien Sie nicht immer nur der gute Kumpel, denn von dem will man sich nichts sagen lassen. Bringen Sie ruhig öfter den Mut zu klaren Anweisungen auf und kontrollieren Sie, ob Regeln befolgt werden. Heranwachsende brauchen eine Eltern-Kind-Hierarchie, solange sie nicht zu starr ist, weil sie sich daran abkämpfen können und ihnen das Halt gibt.

Anerkennung. Loben Sie Ihren Sohn, wenn Sie den Eindruck haben, dass er sich Mühe gibt. Achten Sie vor allem auf positive Veränderungen. Eltern neigen dazu, ständig am Kind herumzumäkeln und eine positive Entwicklung zu übersehen bzw. für selbstverständlich halten.

Flexibilität. Passen Sie Regeln dem Alter und dem Entwicklungsstand Ihres Sohnes an. Lockern Sie Regeln, wenn Ihr Sohn älter und reifer geworden ist, und geben Sie öfter auch mal nach. So kann Ihr Sohn an Regeln wachsen.

Konsequenz. Wenn Sie Konsequenzen androhen, sollten Sie diese auch durchsetzen. Drohen Sie also nicht etwas an, das Sie zur Not nicht auch umsetzen würden.

52. Unser Sohn wurde von der Polizei nach Hause gebracht!

Meine Frau und ich erlebten gestern den Schock unseres Lebens: Unser 15-jähriger Sohn wurde von Polizeibeamten nach Hause gebracht! Man hatte ihn beim Sprayen aufgegriffen. Es hieß, man werde Anzeige erstatten und wir müssten für den Schaden aufkommen. Es ist nicht das erste Mal, dass er erwischt wurde, allerdings hatten wir es noch nie mit der Polizei zu tun. Wie sollen wir uns verhalten? Nach allem, was passiert ist, ist das Vertrauen doch ziemlich gestört.

Ihr Sohn ist wiederholt beim Sprayen aufgegriffen worden. Das ist besorgniserregend, sollte aber nicht das Vertrauen in Ihren Sohn erschüttern. Jugendliche haben vielfältige, zum Teil auch nachvollziehbare Gründe für das Sprayen von Graffiti. Viele betrachten Sprühen als eine Kunstform, durch die sie Gefühle ausdrücken und sich selbst verwirklichen können. Ruhm und die Bewunderung von anderen Graffiti-Sprayern spielen genauso eine Rolle wie ein Zugehörigkeitsgefühl zur Gruppe der Sprayer. Manche Jugendliche reizt der Kick, das Erleben von Grenzsituationen und die Überwindung von Angst, indem hohe Gebäude oder Brücken erklommen werden. Und nicht zuletzt ist Sprayen eine Möglichkeit, Aggressionen abzureagieren.

Die meisten Jugendlichen bekommen einen gehörigen Schrecken, wenn Sie von der Polizei nach Hause gebracht werden. Möglicherweise ist es Ihrem Sohn ähnlich ergangen. Nutzen Sie diesen Schreckmoment und versuchen Sie in Gesprächen mit Ihrem Sohn herauszufinden, was ihn zum Sprühen bewegt. Nehmen Sie seine Gründe ernst, aber machen Sie ihm zugleich klar, dass er kriminell handelt und Sachbeschädigung begeht. Die entstandenen Kosten sollte er von seinem Ersparten begleichen müssen. Reicht sein Geld nicht, könnte er durch einen Ferienjob etwas dazuverdienen oder die Kosten bei Ihnen abstottern.

Fazit: *Finden Sie die Gründe für das Verhalten Ihres Sohnes heraus. Lassen Sie ihn die Kosten für den angerichteten Schaden selbst tragen.*

53. Unser Sohn klaut

Mein Mann und ich sind völlig verzweifelt: Unser Sohn (15) ist bei einem Ladendiebstahl erwischt worden. Er hat versucht, eine Sonnenbrille zu stehlen. Wir sollen wir damit umgehen?

Kaufhausdiebstähle sind kein Grund zum Verzweifeln, aber auch keine Bagatelle. Bleiben Sie einigermaßen gelassen, aber signalisieren Sie Ihrem Sohn, dass er ein Delikt begangen hat. Jugendliche klauen häufig aus dem Motiv heraus, eine Grenze zu überschreiten und etwas Verbotenes zu tun, um anschließend unter Gleichaltrigen damit anzugeben. Wer klaut und nicht erwischt wird, erlebt ein Gefühl von Macht, denn er hat «Autoritäten» wie Detektive, das Kaufhausmanagement, die Polizei und letztendlich seine Eltern ausgetrickst. Klauen kann auch mit dem Wunsch zusammenhängen, etwas haben zu wollen, das man aus finanziellen Gründen nicht kaufen kann. Unsere materialistische Gesellschaft ist voller Konsumartikel, die Jugendlichen in Werbespots und Schaufenstern verlockend unter die Nase gehalten werden, die sie sich aber real mit ihrem verhältnismäßig geringen Taschengeld nicht leisten können. Warum wollte Ihr Sohn diese Sonnenbrille haben? Wollte er «cool» aussehen, gibt es ein Mädchen, dem er damit imponieren wollte? Sprechen Sie mit Ihrem Sohn und forschen Sie nach den Ursachen für sein Verhalten. Zeigen Sie Verständnis, wenn er sich Ihnen gegenüber öffnet, ohne dass Sie sein Verhalten deswegen tolerabel finden müssen. Wenn Sie den Eindruck haben, dass Ihr Sohn seine Tat bereut, sollten Sie es dabei belassen. Falls es zu einer Gerichtsverhandlung kommt, wird er ohnehin die Konsequenzen seines Handelns in Form von Sozialstunden tragen müssen. Sollte er nicht einsichtig sein, gilt es, weiterhin mit ihm auszuhandeln, was Recht und was Unrecht ist.

Fazit: *Ladendiebstahl ist ein Delikt, aber kein Weltuntergang. Suchen Sie nach den Ursachen für das Verhalten Ihres Sohnes und machen Sie ihm bewusst, dass er eine Straftat begangen hat.*

«WAS HABE ICH NUR FALSCH GEMACHT?»

Wenn Kinder aus der Rolle fallen, quälen sich Eltern häufig mit Selbstvorwürfen. Sie geben sich die Schuld, glauben, in der Erziehung versagt zu haben. Doch Schuld sollte in der Eltern-Kind-Beziehung kein Thema sein. In der Regel wollen Eltern das Beste und tun alles, damit ihre Kinder zu lebensfähigen Erwachsenen heranreifen. Dennoch sind psychische Auffälligkeiten und Störungen oftmals auf eine gestörte Eltern-Kind-Beziehung zurückzuführen. Wir alle wiederholen Erziehungs- und Beziehungserfahrungen, die wir mit unseren eigenen Eltern gemacht haben, unbewusst im Kontakt zu unseren Kindern. Dabei können Interaktionsmuster wirksam werden, die unseren Kindern schaden. Mit Schuld hat das aber noch lange nichts zu tun.

Vielmehr geht es darum, das eigene Erziehungsverhalten immer wieder zu hinterfragen und notfalls zu ändern – jedoch ohne sich schuldig zu fühlen.

54. Unser Sohn hält sich nur noch bei seiner Freundin auf

Ich bin eine alleinerziehende, berufstätige Mutter von vier Kindern (17, 14, 11, 9). Es geht um meinen Ältesten, der seit einem halben Jahr eine Freundin hat und sich die meiste Zeit bei ihr aufhält. Wenn er mal zu Hause ist, gibt es nur noch Streit. Regeln, die früher galten, haben keine Bedeutung mehr. Er hilft den Kleinen nicht mehr beim Hausaufgabenmachen, was er jahrelang getan hat, isst nicht mehr mit uns zu Abend und beteiligt sich nicht mehr am Haushalt. Gespräche mit mir enden damit, dass er mich anschreit und mir Vorwürfe macht, ich würde ihm keine Freiheiten lassen. Neulich habe ich ihn mit gepackten Koffern vor die Tür gesetzt. Daraufhin kam er betreten zurück und sagte, er wolle sich ändern und es tue ihm leid. Aber nach ein paar Tagen war alles wieder wie früher. Ich weiß mir nicht mehr zu helfen.

Sie sollten Ihrem Sohn die Ablösung ermöglichen. Im Alter von 17 ist es völlig normal, dass er die meiste Zeit bei seiner Freundin verbringen will. Ich vermute jedoch, dass er in Ihrer Familie die Rolle eines Ersatzehemannes und -vaters übernommen hat, der Ihnen über Jahre hinweg bei der Erziehung der jüngeren Geschwister und bei der Haushaltsführung zur Hand gegangen ist. Das macht es Ihnen schwer, ihn gehen zu lassen. Aber auch Ihr Sohn schafft es nicht so recht, den Ablösungsschritt zu vollziehen. Sie befinden sich beide in einem inneren Konflikt zwischen Bindung und Trennung. Sie setzen ihn mit gepackten Koffern vor die Tür, wollen aber eigentlich gar nicht, dass er tatsächlich verschwindet. Er wiederum kämpft für mehr Freiheiten, kommt aber reuevoll zurück, nachdem Sie ihn hinausgeworfen haben. Vermutlich hat er Schuldgefühle, weil er glaubt, Sie mit den jüngeren Geschwistern nicht allein lassen zu können. Diese Schuldgefühle führen zu Aggressionen, die sich im Streit mit Ihnen entladen.

Geben Sie Ihrem Sohn die Erlaubnis, zu gehen. Entbinden Sie ihn von den häuslichen Pflichten und unterstützen Sie seinen Umgang mit seiner Freundin. Ihr Sohn ist kein Jugendlicher, der mühsam soziale Kompetenz lernen muss, weil er, wie viele Pubertierende, mit seinen Bedürfnissen vor allem um sich selbst kreist. Ihr Sohn hat sehr wohl bewiesen, dass er soziale Verantwortung aufbringen kann, indem er sich jahrelang um die Geschwister und den Haushalt gekümmert hat. Nun gilt es, dass er sein eigenes Leben in den Mittelpunkt rückt. Vielleicht könnte er zu seiner Freundin ziehen und Ihnen hin und wieder unter die Arme greifen, wenn Ihnen Ihre Berufstätigkeit und der Haushalt mit drei Kindern über den Kopf wachsen.

Fazit: *Ihr 17-jähriger Sohn will sich von Ihnen lösen. Unterstützen Sie ihn dabei.*

55. Mein Sohn hat mir Geld geklaut

Ich bin verzweifelt. Unser Sohn (15) hat mir mehrere Male Geld gestohlen. Immer, wenn ich ihn darauf angesprochen habe, hat er es abgestritten, aber beim letzten Mal konnte ich ihm den Diebstahl nachweisen. Warum tut er das? Er bekommt 20 Euro Taschengeld im Monat. Ihm selbst ist das alles furcht-

bar unangenehm, und er hat sich unter Tränen entschuldigt und mir versprochen, es nicht wieder zu tun. Ich glaube ihm und kann die Entschuldigung annehmen, aber mein Mann will, dass wir ihn zu einem Jugendpsychologen schicken. Finden Sie das angebracht?

Es ist für Eltern immer ein Schock, wenn sie von den eigenen Kindern bestohlen werden. Allerdings spricht es für Ihren Sohn, dass ihm die Diebstähle unangenehm sind und er sich unter Tränen entschuldigt hat. Ein schlechtes Gewissen nach Grenzüberschreitungen ist immer ein Zeichen, dass Jugendliche über ein Rechts- und Unrechtsbewusstsein verfügen und ihre Eltern respektieren. Mir geht es wie Ihnen, und ich würde ihn nicht zu einem Psychotherapeuten schicken. Der Konflikt hat ja zunächst einen Schlusspunkt gefunden, indem Ihr Sohn erwischt wurde, sich entschuldigt und versprochen hat, weitere Diebstähle zu unterlassen. Nun sollten Sie ihm die Chance geben, sein Versprechen zu halten. Durch Versöhnungen lernen Kinder, dass man Fehler wiedergutmachen kann. Wenn Sie mit ihm zu einem Psychotherapeuten gingen, erführe die Angelegenheit kein Ende. Dennoch sollten Sie mit Ihrem Sohn nach den Ursachen für den Diebstahl suchen. Versuchen Sie in ruhigen Gesprächen herauszufinden, wofür er das Geld benötigte. Sollte Ihr Sohn von sich aus den Wunsch nach psychologischer Hilfe äußern oder Sie erneut beklauen, wäre ein Besuch bei einem Kinder- und Jugendlichenpsychotherapeuten ratsam.

Fazit: *Nehmen Sie die Entschuldigung Ihres Sohnes an. Sollte er erneut stehlen, können Sie immer noch einen Kinder- und Jugendlichenpsychotherapeuten aufsuchen.*

56. Mein Sohn verletzt ständig Regeln!

Ich bin alleinerziehender Vater einer Tochter (15) und eines Sohnes (13), den ich nicht mehr unter Kontrolle habe. Vor wenigen Tagen wurde er beim Ladendiebstahl erwischt. Das ist aber nur die Spitze des Eisberges. Seine schulischen Leistungen sind katastrophal, er lässt sich nicht von mir bei den Hausaufgaben helfen, hält sich an keine Vereinbarungen, was die Ausgehzeiten betrifft, und ist überhaupt nicht zugänglich für Kritik. Sein Lieblingssatz zurzeit ist: «Chill mal ab, Alter.» Ich war mit ihm bei einem Kinderpsychologen, aber da wollte er nicht mehr hin, weil dieser angeblich zu «uncool» war. Ich verstehe nicht, warum er so schwierig ist. Seine Schwester ist das genaue Gegenteil, bringt gute Zensuren mit nach Hause und kommt auch sonst gut mit sich und dem Leben klar. Ich weiß mir keinen Rat mehr und bin erschöpft von den vielen Streitigkeiten.

Das ist sicherlich keine einfache Situation für Sie. Versuchen Sie herauszufinden, was die Ursache für das Verhalten Ihres Sohnes ist. Möglicherweise hat er ein Problem mit seiner älteren Schwester, vergleicht sich mit ihr und fühlt sich chancenlos gegen sie. Durch eine Einzeltherapie würde er noch mehr in die Rolle desjenigen gedrängt, der es im Vergleich zur Schwester nicht geschafft hat. Immerhin ist es Ihnen gelungen, ihn zu einem Kinderpsychologen zu schicken, auch wenn er sich letztendlich gegen eine Therapie entschieden hat. Vielleicht bringt er ein Problembewusstsein und eine grundsätzliche Bereitschaft zu einer Therapie auf. Ich rate Ihnen, zu dritt einen Familientherapeuten oder eine Familientherapeutin aufzusuchen. Dies hätte den Vorteil, dass die Schwester mit ins Boot geholt würde und Ihr Sohn nicht den Eindruck hätte, mit ihm allein stimme etwas nicht. Im Gegensatz zu einer

Einzeltherapie, bei der der Therapeut nur mit dem Klienten arbeitet, berücksichtigt eine Familientherapie das gesamte Familiensystem. In einer solchen Therapieform würde nicht nur das Verhalten Ihres Sohnes angeschaut werden, sondern das Zusammenwirken und die Interaktion aller Familienmitglieder. Das könnte nicht nur auf Ihren Sohn entlastend wirken, sondern auch Ihnen und Ihrer Tochter notwendige Verhaltensänderungen aufzeigen.

Fazit: *Machen Sie zu dritt eine Familientherapie, oder lassen Sie sich psychologisch beraten.*

57. Unser Sohn entgleitet uns!

Mein Mann und ich sind völlig ratlos, wie wir unseren Sohn (14) bändigen können. Er entgleitet uns völlig und macht uns das Leben zur Hölle. Von seiner Lehrerin weiß ich, dass er schon mehrere Male die Schule geschwänzt hat. Neulich habe ich ihn dabei erwischt, wie er mir Geld klauen wollte. Angeblich benötigte er Schulsachen, aber das glaube ich ihm nicht. Mein Verdacht ist, dass er sich Alkohol oder Zigaretten kaufen wollte. Er ist schon mehrere Male nachts einfach abgehauen und hat sich mit Kumpels getroffen, um zu rauchen und Wodka zu trinken. Wir wissen nicht, was wir noch tun sollen. Er streitet immer alles ab. Ruhig reden, schimpfen, Hausarrest, Taschengeldentzug – wir haben fast alles durch.

Es scheint, als sei der Kontakt zwischen Ihnen und Ihrem Sohn abgebrochen. Wenn er immer alles abstreitet, können Sie nicht mehr mit ihm ins Gespräch kommen. Dann können Konflikte nicht ausgetragen und gelöst werden, und es kann auch keine

Versöhnung stattfinden. Die Frage ist, was die Ursache für das Verhalten Ihres Sohnes ist, ob es individuelle Gründe gibt oder ob vielleicht im Familiensystem etwas nicht stimmt. Mit der Pubertät allein lässt sich seine Verweigerungshaltung nicht erklären. Sie und Ihr Mann sollten sich professionelle Unterstützung in Form einer Erziehungsberatung holen, um das weitere Vorgehen zu besprechen. Möglicherweise benötigen Sie über einen längeren Zeitraum hinweg eine beratende Begleitung. Haben Sie keine Scheu, ein solches Angebot in Anspruch zu nehmen. Sich Hilfe zu holen ist kein Zeichen des Scheiterns, sondern der Hinweis darauf, dass Sie verantwortungsvoll mit einer schwierigen familiären Situation umgehen.

Fazit: *Der Kontakt zwischen Ihnen und Ihrem Sohn ist abgebrochen. Suchen Sie sich professionelle Unterstützung.*

FAMILIENKONFERENZ

Treffen Sie sich einmal in der Woche mit der ganzen Familie zu einer «Konferenz». Dabei darf alles, was den einzelnen Familienmitgliedern wichtig ist, ausgesprochen werden, egal, ob angenehme, kritische oder problematische Angelegenheiten. Wichtig: Jedem wird zugehört, und jeder darf reden, ohne unterbrochen zu werden. Oder, um es in den Worten von Judge Judy, einer US-amerikanischen TV-Richterin, zu sagen: *«If my mouth is open – your mouth is shut!»*

58. Warum lügt mein Sohn so oft?

Mein 14-jähriger Sohn Tom belügt mich häufig. Das fängt bei Kleinigkeiten an, indem er mir sagt, er habe sein Pausenbrot gegessen, und ich finde es dann draußen im Mülleimer. Auch verschweigt er mir Schulnoten oder behauptet, er habe keine Hausaufgaben auf, was oft nicht stimmt. Neulich hat er mir erzählt, er sei am Abend bei seinem besten Freund gewesen, aber ich erfuhr im Nachhinein, dass er sich mit anderen Jungs am Bahnhof herumgetrieben hat. Auch riecht er manchmal nach Rauch, behauptet aber, das komme von älteren Kumpels, die ihn zugequalmt hätten. Ich fühle mich regelrecht veräppelt. Wenn ich ihn auf die Lügerei anspreche, sagt er peinlich berührt, er wisse auch nicht, warum er das tue.

Es ist ein gutes Zeichen, dass Ihrem Sohn die Lügerei peinlich ist, denn das zeigt, dass er sich der Fehlerhaftigkeit seines Verhaltens bewusst ist. Lügen ist dann besorgniserregend, wenn der Jugendliche keine Reue, Schuld- oder Schamgefühle zeigt. Warum Heranwachsende häufig lügen:

- **Angst.** Meistens lügen Heranwachsende aus Angst vor der Reaktion ihrer Eltern. Sie wissen oder glauben, etwas falsch gemacht zu haben, und fürchten, für ihr Verhalten bestraft zu werden.
- **Widerstand.** Jugendliche wollen den elterlichen und gesellschaftlichen Regularien entkommen, trauen sich aber nicht, offen dazu zu stehen. In Familien, in denen Ehrlichkeit einen hohen moralischen Wert besitzt, kann Lügen auch ein Ausdruck von Widerstand gegen solche Werte sein, nach dem Motto: «Wenn meine Eltern Ehrlichkeit predigen, heißt das noch lange nicht, dass ich das auch so sehen muss!»

- **Faulheit.** Manche Kinder und Jugendliche lügen, um sich um Anstrengungen und Pflichten herumzumogeln. Nein, in der Schule hatten sie nichts auf, ja, mit dem Hund waren sie draußen, doch, das Training ist heute ausgefallen.
- **Selbsttäuschung.** Die Wahrheit ist nicht immer leicht zu ertragen. Manche Jugendliche belügen sich selbst, weil sie sich ihr Unvermögen nicht eingestehen wollen. Sie machen sich in der Schule besser, als sie sind, oder erzählen Geschichten, in denen sie sich heldenhafter darstellen, als es den Tatsachen entspricht. Lügen können immer auch mangelndes Selbstvertrauen zum Ausdruck bringen.

Finden Sie heraus, warum Tom Sie belügt. Gehen Sie das Problem nicht von der moralischen Seite her an im Sinne von: Ehrlichkeit sei ein unbedingtes Muss, denn dann berücksichtigen Sie die Not Ihres Sohnes nicht und erreichen ihn nicht. Kommen Sie mit ihm über seine Lügen ins Gespräch und versuchen Sie, Gelassenheit zu bewahren. Regelbrüche und Schwindeleien gehören zur Pubertät dazu.

Fazit: *Finden Sie die Gründe für Toms Lügen heraus und sprechen Sie mit ihm darüber.*

59. Darf ich das Handy meines Sohnes durchsuchen?

Einige Mitschüler meines Jungen (15) haben Gewaltfilme aus dem Internet heruntergeladen und an Handys verschickt. Ich habe den berechtigten Verdacht, dass mein Sohn auch solche Filme erhalten hat, selbst wenn er steif und fest das Gegenteil behauptet. Am liebsten würde ich heimlich auf seinem Handy nachsehen. Wäre das aus erzieherischer Sicht in Ordnung, oder verletze ich damit seinen Intimitätsschutz?

Mit einem solchen Verhalten verletzen Sie tatsächlich seinen Intimitätsschutz. Auch wenn Sie aus Elternsicht verständlicherweise wissen möchten, ob Ihr Sohn solche Filme bekommen hat, sollten Sie nicht einfach sein Handy inspizieren. Das wäre in etwa so, als würden Sie sein Tagebuch lesen. Dennoch: Sie sollten das Thema im Auge behalten. Die Versuchung, sich Gewaltfilme anzusehen, ist für Jugendliche groß. Es braucht nur wenige Klicks – und schon ist man Zeuge von Gewalt, wohl wissend, dass man gerade eine verbotene Zone betritt. Gewaltfilme, die im Internet kursieren, beinhalten oft extreme Grausamkeiten wie *reale* Folter, Hinrichtungen und Vergewaltigungen! Gerade Heranwachsende fühlen sich herausgefordert, solche Grenzen zu überschreiten. Sie wollen ausprobieren, wie weit sie gehen und wie viel sie aushalten können. Die meisten sind nach dem Anblick der Bilder schockiert, aber nicht alle sprechen darüber. Sie fürchten Strafe, haben Angst, Schwäche zu zeigen, oder scheuen es, den Mitschülern gegenüber als illoyal dazustehen. Vor allem Jungen befürchten, als «Weichei» zu gelten, wenn sie sich jemandem anvertrauen. Vielen fehlt ein Bewusstsein dafür, dass der Besitz und die Verbreitung von Gewaltbildern und -videos ethisch-moralische Grundsätze verletzt und strafbar ist. Es ist Aufgabe der Eltern, Jugendliche auf die Gefahren und Konsequenzen aufmerksam zu machen.

Lassen Sie die Frage, ob Ihr Sohn Gewaltfilme auf seinem Handy hat oder nicht, unbeantwortet. Helfen Sie ihm stattdessen, das Gesehene zu verarbeiten. Sorgen Sie für eine vertrauensvolle Atmosphäre, die es Ihrem Sohn ermöglicht, über Gewaltfilme zu sprechen, indem Sie zum Beispiel Ihre eigenen

Gefühle bezüglich solcher Filme beschreiben. Thematisieren Sie ethisch-moralische Grundsätze und erläutern Sie ihm die rechtlichen Folgen. Gehen Sie aufklärend und unterstützend, aber nicht strafend vor.

Fazit: *Eltern sollten nicht die Handys ihrer Kinder durchsuchen. Schaffen Sie Vertrauen, damit sich Ihr Sohn Ihnen anvertrauen kann.*

WAS ELTERN ÜBER HANDYS WISSEN SOLLTEN

Handys sind heutzutage standardmäßig so komfortabel ausgestattet, dass sie immer auch zum Missbrauch verführen können. Eltern sollten sich mit den Übertragungsfunktionen und Gefahren eines Handys auskennen, damit sie mitsprechen und Einfluss nehmen können.

So werden Bilder oder Filme weitergeleitet:

- Bluetooth ist eine drahtlose Verbindung von Handy zu Handy mit einer Reichweite von bis zu zehn Metern. Die Handhabung ist einfach: Sie aktivieren in Ihrem Handy die Bluetooth-Funktion, wählen einen Film oder ein Bild aus, den/das Sie verschicken möchten, platzieren Ihr Handy in Reichweite des Handys, zu dem der Film oder das Bild geschickt werden soll, und starten die Übertragung. Die Benutzung von Bluetooth ist kostenlos.
  Statt Bluetooth kann man auch ein Datenkabel benutzen.
- Austausch von Speicherkarten: Man kann Daten nicht nur auf dem Handy direkt, sondern auch auf Speicherkarten ablegen, die man in einen Einschub im Gehäuse des Handys steckt. Will man Daten von einem Handy vom anderen

übertragen, tauscht man die Karten einfach aus und lädt sich die Daten auf das eigene Handy. Achtung: Speicherkarten sind nicht mit der SIM-Karte zu verwechseln, auf der zum Beispiel Telefonnummern gespeichert werden.

- Eine MMS (Multimedia Messaging Service) ist die Weiterentwicklung der SMS. Hier werden nicht nur kurze Wortmitteilungen, sondern Fotos, Filme, Videoclips oder Musikstücke an andere Handys oder, durch einen Zugang zum Internet, an E-Mail-Adressen verschickt. MMS sind kostenpflichtig.

Wenn Handys über einen Internetzugang verfügen, lassen sich die Daten auch ganz einfach via E-Mail versenden.

Straftaten:
- Heimliche Aufnahmen. Wer zum Beispiel eine Mitschülerin hinterrücks dabei filmt, wie sie ihr T-Shirt wechselt, macht sich strafbar. Will man jemanden in einer intimen Situation fotografieren oder filmen, muss man sich zuvor seine/ihre Zustimmung einholen.
- Die Versendung nicht eingewilligter, die Intimsphäre verletzender Fotos oder Filme.
- Aufnahmen von Gewalthandlungen und deren Versendung, auch als «Handygewalt» oder «Happy Slapping» bezeichnet.
- Das Versenden von Gewaltdarstellungen, die aus dem Internet heruntergeladen wurden.
- Das Versenden pornographischer Bilder und Filme an Minderjährige oder der Besitz und die Verbreitung von Kinderpornographie.

DEPRESSIONEN

60. Wie unterscheidet sich eine Depression von einem vorübergehenden Stimmungstief?

Wir machen uns große Sorgen um unseren Sohn Sebastian (15). Wenn er von der Schule nach Hause kommt, verschwindet er in seinem Zimmer und hört stundenlang düstere Musik. Er wirkt traurig und antriebslos, kümmert sich nicht mehr um seine Freunde und geht auch nicht aus, wie andere das in seinem Alter tun. Woran können wir erkennen, ob er sich nur gerade in einem Stimmungstief befindet oder ob er ernsthaft erkrankt ist?

Die Frage ist von der Ferne aus schwer zu beantworten. Die Gefahr, in eine depressive Stimmung zu verfallen, ist bei Jugendlichen groß. Viele haben das Gefühl, die Anforderungen des Lebens nicht bewältigen zu können – soziale Kontakte aufzubauen und zu pflegen, den Körper trotz aller Unzulänglichkeiten anzunehmen, Liebesbeziehungen einzugehen, die Schule zu schaffen und sich beruflich zu orientieren. Jugendliche spüren, dass sie mit zunehmender Ablösung und Reifung selbst die Verantwortung für diese Dinge übernehmen müssen. Die Erkenntnis kann erschreckend sein und Gefühle der Angst, Überforderung und Erschöpfung auslösen. Pubertät bewegt sich häufig auch am Rande einer Depression. Bei Ihrem Sohn fällt auf, dass er sich zusätzlich zu seiner Antriebslosigkeit auch sozial isoliert. Signalisieren Sie ihm, dass Sie gemeinsam mit ihm nach einer Lösung suchen werden. Vielleicht können

Sie ihn dazu bewegen, sich professionelle Hilfe zu holen. Wenn Jugendliche unter depressiven Verstimmungen oder Depressionen leiden, sind sie oft auch bereit, sich helfen zu lassen.

Fazit: *Jugendliche neigen zu Depressionen. Suchen Sie gemeinsam mit Ihrem Sohn nach einer Lösung und schlagen Sie ihm notfalls vor, sich professionelle Unterstützung zu holen.*

SYMPTOME, DIE AUF EINE DEPRESSION HINDEUTEN

- Traurigkeit
- Vermindertes Selbstwertgefühl und Selbstvertrauen
- Interessenverlust
- Antriebslosigkeit
- frühmorgendliches Erwachen, Morgentief
- Schlafstörungen
- Konzentrationsstörungen
- Suizidgedanken, erfolgte Selbstverletzung oder Suizidhandlungen
- negative und pessimistische Zukunftsperspektive
- Schuldgefühle, Selbstvorwürfe
- Reizbarkeit
- verminderter Appetit, Gewichtsverlust
- Angst
- motorische Unruhe

Wenn Sie mehrere dieser Symptome täglich und über einen längeren Zeitraum oder ganz plötzlich in hoher Intensität bei Ihrem Sohn beobachten, sollten Sie sich an eine Beratungsstelle, einen Arzt oder einen Kinder- und Jugendlichenpsychotherapeuten wenden.

61. Unser Sohn denkt an Selbstmord

Vor kurzem hat mich eine Mitschülerin unseres Sohnes (16) darüber informiert, dass unser Sohn von Selbstmord gesprochen hat. Da uns das Mädchen um Diskretion gebeten hat, haben mein Mann und ich unserem Sohn nicht erzählt, dass wir davon wissen. Natürlich sind wir jetzt in großer Sorge und versuchen durch Gespräche herauszufinden, was ihn bedrückt, ernten aber nur Schweigen. Verwirrend ist auch, dass wir ihn zu Hause überhaupt nicht depressiv erleben, sondern eher gereizt. Wir sind völlig ratlos, wie wir an ihn herankommen sollen. Kann es sein, dass er vor dem Mädchen nur kokettiert hat? Denken Jugendliche nicht generell manchmal an Selbstmord?

Depressionen zeigen sich nicht nur im klassischen Sinne als Trauer und Antriebslosigkeit, sondern auch als Gereiztheit. Wenn Jugendliche von Selbstmord sprechen, ist das immer ein ernst zu nehmendes Warnzeichen und ein Ausdruck größter Not. Zwar fragen sich Jugendliche häufig nach dem Sinn des Lebens, und viele haben auch schon einmal darüber nachgedacht, wie es wäre, dem Leben zu entfliehen, doch die Tatsache, dass sich Ihr Sohn bereits einer Mitschülerin anvertraut hat, sollte zu denken geben. Die Frage ist, was Ihren Sohn belastet. Vielleicht quält er sich mit einem konkreten Problem wie schlechte Schulleistungen, Liebeskummer oder Mobbing. Oder er leidet unter einer depressiven Grundstimmung, fühlt sich überfordert, hat Zukunftsängste. Versuchen Sie herauszufinden, was ihn beschäftigt. Lassen Sie sich durch sein Schweigen und die gereizte Stimmung nicht irritieren und signalisieren Sie ihm, dass Sie als Ansprechpartner zur Verfügung stehen. Vielleicht helfen Ihnen ein paar Gesprächsregeln:

- Spiegeln Sie ihm, wie Sie ihn in letzter Zeit erleben, und bringen Sie Ihre eigenen Sorgen um ihn dabei auch zum Ausdruck.
- Reden Sie seine Probleme nicht klein im Sinne von «Das wird schon wieder», wenn die Situation tatsächlich schwierig ist. Sprechen Sie stattdessen den Ernst der Lage aus.
- Äußern Sie Verständnis für seine ausweglosen Gedanken, auch wenn Sie die Situation anders einschätzen.
- Grenzen Sie die Problembereiche ein. So helfen Sie Ihrem Sohn, das Leben nicht grundsätzlich, sondern lediglich bestimmte Aspekte schlimm zu finden.
- Bohren Sie nicht weiter nach, wenn Ihnen Ihr Sohn nicht sagen will, was ihn bedrückt, aber zeigen Sie ihm durch Ihre Anteilnahme, dass Sie ihn unterstützen. Schlagen Sie ihm Verwandte oder Bekannte vor, mit denen er reden könnte. Und geben Sie ihm die Adresse eines Krisendienstes oder eines Jugendpsychiaters, wohin er sich im Notfall wenden kann.

Fazit: *Selbstmorddrohungen bzw. -ankündigungen sind immer ernst zu nehmen. Versuchen Sie herauszufinden, was Ihren Sohn beschäftigt, und bieten Sie ihm Hilfe an.*

62. Kann ein 19-Jähriger an Depressionen leiden?

Unser Sohn (19) ist letztes Jahr durchs Abitur gefallen, weil er schlichtweg zu faul war. Seitdem ist er zu nichts mehr zu motivieren. Er kümmert sich nicht um einen Ausbildungsplatz, weigert sich, sich einen Job zu suchen, und beteiligt sich nicht mehr an familiären Angelegenheiten. Stattdessen vergräbt er sich den ganzen Tag in seinem Zimmer, hört Musik und stiert

die Decke an. Wir schaffen es nicht, ihn zu etwas zu motivieren.
Selbst seine Freundin, die inzwischen in einer anderen Stadt
studiert, kommt nicht mehr an ihn heran. Nun fragen wir uns,
ob er unter Depressionen leidet.

Ich weiß nicht, ob man die Niedergeschlagenheit Ihres Sohnes
als Depression bezeichnen kann, aber mit Sicherheit durchlebt
er eine heftige Krise. Das Abitur nicht geschafft zu haben ist
eine schwere Niederlage. Die Frage ist, ob Ihr Sohn tatsächlich
wegen Faulheit gescheitert ist oder ob nicht bereits die Faulheit Ausdruck von Überforderung und Versagensängsten gewesen ist. Viele Schüler sind «faul», weil sie sich den Leistungsanforderungen der Schule nicht gewachsen fühlen. Faulheit
kann die Abwehr der Erkenntnis sein, etwas nicht zu schaffen.
Ihr Sohn wird mit den Folgen seines Scheiterns nicht zurechtkommen. Möglicherweise fühlt er sich seinen ehemaligen Mitschülern gegenüber minderwertig und benachteiligt. Auch vor
seiner Freundin wird er Mühe haben, das Gesicht zu wahren.
Sie studiert, er ist gescheitert – was für eine schwierige Paarsituation, zumal Männer schnell Selbstzweifel bekommen, wenn
die Partnerin beruflich erfolgreicher ist. Und nicht zuletzt ist
seine berufliche Zukunft äußerst ungewiss. Er wird vorgehabt
haben, zu studieren, und muss sich jetzt mit der bitteren Wahrheit abfinden, einen Ausbildungsplatz zu suchen. Ich kann gut
verstehen, dass er nicht voller Tatendrang die Ausbildungs-
betriebe abklappert.

Geben Sie Ihrem Sohn Zeit, das Scheitern zu verarbeiten.
Schaffen Sie eine Atmosphäre, in der sich Ihr Sohn aussprechen
kann, und zeigen Sie Verständnis für seine Gefühle. Suchen
Sie gemeinsam mit ihm nach Lösungen, welche beruflichen
Möglichkeiten sich ihm bieten, und vermeiden Sie jeglichen

Druck. Will er das Abitur wiederholen, oder will er tatsächlich eine Ausbildung beginnen? Wie könnte seine berufliche Zukunft ohne Abitur aussehen? Helfen Sie ihm, sich realistisch einzuschätzen, indem Sie ihm spiegeln, in welchen Bereichen Sie seine Stärken und seine Schwächen vermuten. Möglicherweise würde ihm auch eine Berufsberatung und/oder eine psychologische Beratung weiterhelfen.

Fazit: *Ihr Sohn braucht Zeit, um das schulische Scheitern zu verarbeiten. Helfen Sie ihm, ohne Druck auszuüben, eine berufliche Lösung zu finden.*

WERTEVERMITTLUNG

63. Warum ist unser Sohn so konservativ?

Unser 15-jähriger Sohn hat plötzlich extrem konservative Wertvorstellungen, obwohl wir ihn nie so erzogen haben. Er sagt in einem oberlehrerhaften Ton, man solle vor der Ehe keinen Sex haben und dass Frauen für den Haushalt zuständig seien und nur der Mann einem Beruf nachgehen solle. Ich finde das erschreckend. Warum gibt er solchen Stuss von sich?

In der Pubertät ordnet sich das Wertesystem neu. Während Kinder noch unhinterfragt die Wertvorstellungen ihrer Eltern übernehmen, versuchen sich Jugendliche im Zuge des Ablösungsprozesses eigene Werte anzueignen. Sie wollen selbst herausfinden, welche Regeln und Grundsätze für ihr Leben gelten sollen. Manche Jugendliche entwickeln genau entgegengesetzte Wertvorstellungen als die, die ihre Eltern pflegen. Sie legen sich konservative Ansichten zu, obwohl sie aus einem liberalen Haushalt stammen, oder hängen liberalen Ansichten an, obwohl die Eltern konservativ denken. Zur Erinnerung: Im Zuge der 68er-Bewegung haben viele Jugendliche ihre oft konservativen Eltern mit langen Haaren und linken Ansichten zu schockieren versucht. Heute muss man schon andere Kaliber auffahren, um Eltern aus der Reserve zu locken. Einige inszenieren ihre Körper in einer befremdlichen Art und Weise, andere fahren schwerere Geschütze auf, indem sie menschenverachtende, rechtsextreme oder gewaltverherrlichende Meinungen äußern. Oft haben Eltern das Gefühl, ihre Erziehung sei völlig umsonst gewesen. Doch bedenken Sie: Jugendliche eignen sich ein eigenes Wertesystem häufig in Opposition zu ihren Eltern an. Manchmal muss man das Extrem wagen, um am Ende herauszufinden, dass die Ansichten der Eltern ganz passabel sind – oder eben auch nicht.

Wenn Jugendliche wie Ihr Sohn besonders streng daherkommen, überdecken sie damit manchmal auch Unsicherheiten und Ängste, denn Werte vermitteln Sicherheit. Wir leben in einer individualistischen Zeit, in der sich der Einzelne analog zu seinen eigenen Zielen, Sehnsüchten und Wünschen selbst verwirklichen darf und soll. Dies gilt insbesondere für Partnerschaft und Sexualität. Heutzutage haben Jugendliche eine Vielfalt an Möglichkeiten vor Augen, wie sie Beziehungen und Sexualität gestalten können. Die traditionellen Geschlechterrollen sind in der Auflösung begriffen, homo- und bisexuelle Orientierungen unterliegen keinen gesellschaftlichen Tabus mehr. Es ist nicht mehr klar definiert, wie Männer und Frauen zu sein haben. Für Jugendliche, die sich verunsichert auf der Suche nach einer eigenen Identität befinden, ist es nicht leicht, sich in dieser vielfältigen Welt zu orientieren. Zum Vergleich: In den 1950er und 1960er Jahren wurde unmissverständlich vorgegeben, wie Männer und Frauen zu sein und welche Aufgaben sie zu übernehmen hatten. Das engte Jugendliche zwar in ihren Entfaltungsmöglichkeiten ein, es verschaffte ihnen aber auch Sicherheit bei der Verortung als Mann oder Frau. Man wusste ganz genau, was die Gesellschaft von einem erwartete. Da diese gesellschaftlichen Zwänge heute weitgehend fehlen, bilden sich Jugendliche ihr eigenes Regelwerk, an dem sie sich orientieren können. Um auf Ihren Sohn zurückzukommen: Es ist leichter, ein starres Männer- und Frauenbild zu verfolgen oder auf vorehelichen Sex zu verzichten, als sich in Partnerschaften über Gleichberechtigung, Selbstbestimmung oder sexuelle Vorlieben auseinanderzusetzen.

Bleiben Sie mit Ihrem Sohn über Ihre unterschiedlichen Wertehaltungen im Gespräch, aber erwarten Sie nicht, dass Ihr Sohn Ihre Ansichten übernimmt. Vielleicht gelingt es Ihnen, an seine Unsicherheiten heranzukommen, die sich möglicherweise hinter seiner konservativen Sicht verbergen. Wovor muss er sich mit seiner Haltung schützen? Hat er Scheu, sich auf Mädchen und Sexualität einzulassen? Erlebt er Frauen als mächtig? Sind Beziehungen «kompliziert»?

Schwierig wird es, wenn Jugendliche Wertehaltungen äußern, die gegen unsere freiheitlich-demokratische Grundordnung verstoßen. Aber auch hier gilt: Geraten Sie nicht in Panik, sondern finden Sie heraus, welche Not sich hinter den Ansichten Ihres Sohnes verbirgt oder ob er gegen Sie als Eltern opponieren muss.

Fazit: *Jugendliche eigenen sich ein eigenes, von den Eltern unabhängiges Wertesystem an. Das kann dazu führen, dass sie völlig andere Werte als die der Eltern für richtig halten. Hinter einer starren Wertehaltung können sich auch Unsicherheiten und Ängste verbergen.*

64. Wie verhindern wir, dass unser Sohn rassistisch wird?

Unser Sohn (14), der eine Schule mit einem hohen Ausländeranteil besucht, wurde eine Zeit lang von türkischen Jugendlichen verprügelt. Besonders perfide war, dass man ihm jedes Mal, wenn er sich zu wehren versucht hat, mit den älteren Geschwis-

tern gedroht hat. Nachdem wir mit den Lehrern gesprochen und die Schulleitung informiert haben, hat sich die Situation entspannt. Dennoch hat sich in ihm solch eine Wut auf Türken aufgebaut, dass uns das unheimlich ist. Wie verhindern wir, dass er rassistisch wird? Mit Argumenten gegen Rassismus jedenfalls erreichen wir ihn zurzeit überhaupt nicht.

Ihr Sohn hat Gewalt erfahren und fühlt sich gedemütigt. Sich ungerecht behandelt zu fühlen und sich obendrein nicht wehren zu können, weil man die andere Seite als übermächtig erlebt, erzeugt Hilflosigkeit und Wut. Ihr Sohn sieht sich als Opfer, nicht als Täter. Wenn Sie versuchen, ihn mit Argumenten gegen Rassismus zu erreichen, sprechen Sie ihn als Täter an. Sie unterstellen ihm, durch seine Äußerungen Jugendliche eines anderen kulturellen Hintergrundes zu diskriminieren, obwohl er sich selbst als Opfer ebenjener Jugendlicher betrachtet. Aus seiner Sicht nehmen Sie diejenigen in Schutz, die ihm Gewalt zugefügt haben. Doch die Situation in multikulturellen Schulklassen ist für deutsche Jugendliche nicht immer einfach. Getreu dem Motto «Gleich und gleich gesellt sich gern» entstehen Freundschaften eben auch aufgrund ethnischer Gemeinsamkeiten. Bei türkischen Jugendlichen ist das Gefühl einer ethnischen Zugehörigkeit häufig viel stärker ausgeprägt als bei deutschen, sodass sich Letztere schnell im Nachteil fühlen. Helfen Sie Ihrem Sohn, das Erlebte zu verarbeiten, indem Sie Verständnis für seine Wut zeigen. Ihr Sohn braucht ein Ventil, um mit all dem Ärger zurechtzukommen und sein verletztes Selbstwertgefühl zu stärken. Einigen Sie sich auf neue Gesprächsregeln in Zusammenhang mit diesem Konflikt: Sie verzichten auf das Wort *Rassismus,* und Ihr Sohn möge den Begriff *türkisch* streichen. Nicht die *türkischen* Mitschüler sind miese

Schlägertypen, sondern einige seiner Mitschüler. Und über die muss man sich «auskotzen» dürfen.

Fazit: *Helfen Sie Ihrem Sohn, das Erlebte zu verarbeiten. Bleiben Sie unbedingt im Gespräch mit ihm.*

65. Mein Sohn steht auf aggressiven Rap!

Mein 15-Jähriger ist Fan von deutschsprachigem Rap. Sein ganzes Zimmer ist voll gekleistert mit Postern dieser «Künstler». Ich kann Ihnen gar nicht sagen, wie sehr mir das gegen den Strich geht. Wie kann ich ihm als Mutter Werte wie Gewaltfreiheit, Gleichberechtigung und sexuelle Selbstbestimmung näherbringen, wenn er sich solch einen Mist anhört? Nun ist demnächst ein Freiluftkonzert von diesen Deutsch-Rappern, und mein Sohn will da unbedingt hin. Ich bin mir nicht sicher, ob ich ihm das erlauben soll. Was denken Sie?

Ich kann gut verstehen, dass Ihnen der Musikgeschmack Ihres Sohnes Kopfzerbrechen bereitet, denn manche Texte einiger Deutsch-Rapper bewegen sich tatsächlich jenseits des Erträglichen. Nicht, dass die englischen Texte grundsätzlich zahmer wären – wir verstehen sie nur meistens nicht. Dennoch sollten Sie Ihrem Sohn seine Musikrichtung lassen. Elterlicher Protest gegen jugendlichen Musikgeschmack zeigt in aller Regel nicht die gewünschte Wirkung, ganz im Gegenteil: Ihr Sohn wird sich nur noch mehr mit seinen Helden identifizieren wollen. Als der «Beat-Club» Ende der sechziger Jahre die deutschen Jugendzimmer eroberte, waren viele Eltern entsetzt, aber kaum ein Jugendlicher ist der Argumentation seiner Eltern gefolgt. Nun können Sie einwenden, dass die Stones oder Beatles im Vergleich zu einigen Rappern auch keine frauen- oder schwulenverachtende Texte in die Welt hinausgeschrien haben, die damalige Elterngeneration also schlichtweg im Unrecht war. Doch aus Sicht von Jugendlichen hat ein eigener Musikgeschmack heute wie damals etwas mit Identifikation, Protest und Abgrenzung zu tun. Ihr Sohn identifiziert sich mit deutschen Rappern, weil sie so cool und männlich daherkommen, er auch gerne so wäre und Sie ihm als Mutter in dieser Hinsicht kein Vorbild sein können. Ich finde, Sie können ihm das Konzert nicht verbieten, nur weil Ihnen die Texte der Künstler nicht passen. Damit würden Sie eher das Gegenteil erreichen. Ihr Sohn muss emotional begreifen, dass sich bestimmte Textpassagen gegen die Menschenwürde richten. Das kann er aber nur, wenn er auch die Freiheit hat, sich dafür zu entscheiden. Was Sie jedoch tun können: Sagen Sie ihm klar Ihre Meinung zu den Texten, ohne die gesamte Musikrichtung zu entwerten, und dass Sie es befürworten würden, wenn er nicht zu dem Konzert gehen würde. Aber lassen Sie ihn die Entscheidung pro oder contra Konzert selbst treffen und seien Sie nicht beleidigt oder enttäuscht, wenn er sich fürs Hingehen entscheidet. Auch sonst sollten Sie über Werte wie Gewaltfreiheit, Gleichberechtigung und sexuelle Selbstbestimmung im Gespräch bleiben, aber ohne dies in Verbindung mit seiner Musik zu bringen.

Fazit: *Lassen Sie ihm seine Musik, aber sprechen Sie mit ihm über die Werte, die Ihnen wichtig sind.*

Übrigens: *Wenn Kinder in die Pubertät kommen, fordern sie ihre Eltern ständig heraus, eigene Ansichten zu überdenken und eventuell neu zu ordnen. Die Pubertät bringt auch im Wertesystem der Eltern so einiges in Bewegung.*

66. Wie viel Einfluss haben Eltern noch in der Pubertät?

Es ist ja ganz normal, dass die Meinung der Eltern irgendwann nicht mehr viel zählt. Unser Sohn (14) jedenfalls sucht sich seine Vorbilder im Freundeskreis, beim Fußball, aber auch in den Medien. Wie viel Einfluss haben wir als Eltern überhaupt noch?

Das klingt, als seien Sie ein wenig enttäuscht über den Sinneswandel Ihres Sohnes. Ich kann das gut verstehen, denn es ist auch nicht leicht, zu spüren, dass man als Eltern nach und nach an Einfluss verliert. Doch häufig haben die elterlichen Worte weitaus mehr Gewicht, als Eltern denken. Richtig ist, dass sich Jugendliche im Rahmen der Ablösung neu orientieren und dass die elterliche Meinung durch Freunde oder Medien mächtig Konkurrenz bekommt. Im Vergleich zur Kindheit übernehmen Jugendliche nicht mehr kritiklos die Ansichten der Eltern. Das heißt aber noch lange nicht, dass Jugendliche auf das, was die Eltern zu sagen haben, keinen Wert mehr legen. Es gehört zur Ablösung dazu, den Eltern zu widersprechen und sich ein elternunabhängiges Bild von der Welt anzueignen. Jugendliche fürchten um ihre Autonomie, wenn sie den Eltern zu viele Zugeständnisse machen würden. Als Kinder- und Jugendlichenpsychotherapeut, der ich nicht nur Gespräche mit Jugendlichen, sondern auch mit deren Eltern führe, erlebe ich es häufig, dass Eltern den Eindruck haben, ihre Worte hätten kein Gewicht mehr, obwohl sich meine jugendlichen Klienten sehr wohl an dem, was die Eltern sagen, orientieren. Aber selbstverständlich zeigen sie ihren Eltern das nicht. Als fast Erwachsene wollen sie selbst bestimmen, welche Werte und Normen für ihr Leben gelten. Die Nähe zu den Eltern wird erst später wieder entdeckt. Deshalb: Bleiben Sie mit Heranwachsenden über unterschiedliche Normen und Werte im Gespräch. Sagen Sie, was Sie von Zuverlässigkeit, Nächstenliebe, Glaube, Respekt, Verantwortung, Höflichkeit, Menschenwürde, Toleranz, Frieden, Pflichterfüllung, Rücksicht, Mitgefühl oder Tradition halten. Überlassen Sie den Medien nicht einfach das Feld. Diskutieren Sie mit Heranwachsenden über Fernseh- und Computerzeiten, Filme, Talkshows und Werbeinhalte. In der gegenseitigen Reibung können sich Jugendliche eine eigene, von den Eltern unabhängige Meinung bilden, die eben auch abweichend sein kann. Aber das gilt es für Eltern auszuhalten.

Fazit: *Elterliche Ansichten haben bei Jugendlichen großes Gewicht. Bringen Sie Ihre Wertehaltungen zum Ausdruck, aber erwarten Sie nicht, dass Ihr Sohn Ihre Sicht widerstandslos übernimmt.*

FREIZEIT, FREUNDE UND BEZIEHUNGEN

67. Unser Sohn will ein Piercing, um nicht zum Außenseiter zu werden

In der Clique unseres Sohnes (15) haben sich einige Jugendliche die Nase oder Zunge gepierct. Nun will sich unser Sohn auch ein Zungenpiercing machen lassen. Er argumentiert damit, dass er zum Außenseiter würde, wenn wir ihm das nicht erlauben würden. Meine Frau und ich sind aus gesundheitlichen Gründen dagegen, aber auch, weil er sich nächstes Jahr einen Ausbildungsplatz suchen muss und ein Piercing dabei wohl nicht förderlich wäre. Seitdem schmollt er mit uns. Ist unsere Entscheidung richtig?

Ich vermute, Sie können in diesem Fall keine richtige oder falsche Entscheidung treffen. Grundsätzlich würde für ein Piercing sprechen, dass Jugendliche gerne mit ihrem Körper experimentieren und Eltern ihnen in dieser Hinsicht viele Freiheiten lassen sollten. Jugendliche müssen über die Gestaltung ihres Körpers selbst bestimmen dürfen. Doch Eltern sollten auch mitreden, und zwar immer dann, wenn die Gesundheit des Jugendlichen gefährdet ist oder der Körperschmuck irreversible sichtbare Spuren hinterlässt wie eine Tätowierung. Gerade bei einem Zungenpiercing wiegen die Nachteile schwer. Es kann zu Entzündungen oder Blutungen mit starken Schmerzen bis hin zu Erstickungsanfällen kommen. Längerfristig können die Geschmacksnerven beeinträchtigt und die vorderen Zähne geschädigt werden. Die Aussprache wird oft undeutlich. Machen Sie Ihrem Sohn klar, dass Sie angesichts der Risiken Bedenken haben, ihm ein Zungenpiercing zu gestatten, vermitteln Sie ihm aber gleichzeitig, dass Sie seinen Wunsch ernst nehmen und respektieren. Fragen Sie ihn, warum er zum Außenseiter würde, wenn er sich nicht piercen lassen würde. Vielleicht benutzt er diese Drohung nur als Druckmittel, um Sie milde zu stimmen. Möglicherweise aber herrscht in seiner Clique tatsächlich ein starker Anpassungsdruck. In diesem Fall sollten Sie mit Ihrem Sohn besprechen, welchen Wert Freundschaften haben, wenn sie von einem Piercing abhängig sind.

Fazit: *Bleiben Sie beim «Nein!», wenn Sie ein ungutes Gefühl beim Piercing haben. Sprechen Sie mit Ihrem Sohn über den Anpassungsdruck in seiner Clique.*

WAS SIE BEIM PIERCING BEACHTEN SOLLTEN

Piercer haben oft keine medizinische Ausbildung, obwohl Piercen einen operativen Eingriff darstellt. Wenn Sie ganz sichergehen wollen, können Sie sich auch an einen Arzt wenden, der Piercing anbietet. Außerdem benötigen Minderjährige immer die Einverständniserklärung der Eltern. Einen guten Piercer erkennen Sie wie folgt:

- Er klärt seine Kunden umfassend über das Piercing auf, auch über die Risiken, und er sollte sich nach dem allgemeinen Gesundheitszustand des Kunden erkundigen.
- Der Behandlungsraum, in dem der Eingriff durchgeführt wird, sollte der Hygiene wegen gefliest und durch Türen von anderen Räumen abgetrennt sein. Der zu piercende Hautbereich muss weitreichend desinfiziert werden.

- Der Piercer sollte Handschuhe tragen und sterile verpackte Instrumente und Schmuckstücke verwenden.
- Der Piercing-Schmuck sollte aus Gold, Titan oder Platin sein und kein Nickel oder Kobalt enthalten, weil solches Material Allergien auslösen kann.
- Zur Vermeidung von Komplikationen sollten Kunden ausführlich über Verhaltensmaßregeln und Pflegemaßnahmen aufgeklärt werden.
- Es sollten Nachsorgetermine angeboten werden.

68. Mein Sohn kommt nicht in die Clique rein

Mein Sohn (14) wünscht sich sehnlichst, in einer Clique aufgenommen zu werden, aber einige der Mädels und Jungs haben wohl etwas dagegen. Mich schmerzt es, mit anzusehen, wie sehr ihm das zu schaffen macht. Wie kann ich ihm helfen?

Es geht Eltern häufig nahe, wenn die eigenen Kinder keinen Anschluss finden oder von Gleichaltrigen ausgegrenzt werden. Gerade in der Pubertät, wenn sich Jugendliche zunehmend von ihren Eltern emanzipieren, ist der Kontakt zu Freunden außerordentlich wichtig. In Cliquen haben Jugendliche die Möglichkeit, soziale Verhaltensweisen außerhalb der Familie zu erproben und sich eine elternunabhängige Beziehungs- und Konfliktgestaltung anzueignen. Sie streiten und versöhnen sich, finden Kompromisse, testen Grenzen aus und solidarisieren sich gegen die Welt der Erwachsenen. Alle Erfahrungen, die Ihr Sohn mit Gleichaltrigen macht – auch die schmerzhaften wie Ausgrenzung –, sind ein wichtiger Selbsterfahrungsprozess. Ihr Sohn lernt, sich zu behaupten, Enttäuschungen zu verarbeiten und zu reflektieren, wie sein Verhalten auf andere wirkt.

Finden Sie gemeinsam mit Ihrem Sohn heraus, warum man ihn nicht dabeihaben will. Manche Cliquen grenzen jemanden wegen Merkmalen aus, die man schlecht ändern kann, wie zum Beispiel Übergewichtigkeit oder Unsportlichkeit. In diesem Fall sollten Sie Ihren Sohn darin bestärken, sich neue Freunde zu suchen. Vielleicht fallen Ihnen aber auch Verhaltensweisen auf, die andere an Ihrem Sohn stören könnten. Möglicherweise hat er etwas Überhebliches, Altkluges, Angeberisches, oder er steht unter Druck, versucht sich zu sehr anzupassen und wirkt dadurch ungeschickt. Geben Sie Ihrem Sohn ein Feedback, wie er auf Sie und andere wirkt. So hat er die Möglichkeit, sich besser kennenzulernen und an seinem Verhalten etwas zu ändern.

Fazit: *Finden Sie mit Ihrem Sohn heraus, warum ihn die Clique nicht dabeihaben will. So lernt er sich besser kennen und kann gegebenenfalls sein Verhalten ändern.*

69. Sollte ein 15-Jähriger allein einen Interrail-Urlaub machen?

Unser 15-jähriger Sohn hat sich in den Kopf gesetzt, in den Sommerferien alleine mit Interrail zu verreisen. Er ist für sein Alter recht weit entwickelt, aber dennoch haben wir unsere Zweifel, ob er für eine solche Reise reif genug ist.

Die Frage ist, was die Reise Ihres Sohnes für Sie selbst bedeuten würde. Könnten Sie noch einigermaßen ruhig schlafen? Ich hätte wahrscheinlich keine ruhige Minute mehr. Die Kunst in der Erziehung ist es, Kinder so viel Autonomie wie möglich erproben zu lassen, ohne sie alleine zu lassen, damit sie Selbstvertrauen aufbauen können. Sie schreiben ja auch, dass Ihr

Sohn für sein Alter recht weit entwickelt ist und Sie ihm eine solche Reise grundsätzlich zutrauen würden. Mit Sicherheit würde ihn das in seiner Autonomieentwicklung einen großen Schritt voranbringen. Dennoch: Sie machen nichts falsch, wenn Sie ihn noch ein Jahr warten lassen. Treffen Sie Ihre Entscheidung abhängig davon, ob Sie die Zeit seiner Abwesenheit einigermaßen stressfrei überstehen würden. Sie könnten ihm auch Kompromisse vorschlagen. Zum Beispiel könnte er die Reise auf Deutschland beschränken. Oder Sie könnten mit ihm gemeinsam die Route ausarbeiten und vereinbaren, dass er sich in regelmäßigen Abständen bei Ihnen meldet, was im Zeitalter des Mobiltelefons kein Problem mehr sein dürfte. So wüssten Sie stets, wo er sich gerade aufhält. Vergessen Sie nicht, ihm eine Einverständniserklärung mitzugeben. Ab 14 Jahren dürfen Minderjährige ohne Erziehungsberechtigte verreisen, aber selbstverständlich nur mit deren schriftlicher Einwilligung.

Fazit: *Machen Sie die Entscheidung davon abhängig, ob Sie noch ruhig schlafen könnten. Dafür spräche, dass ihn die Reise in seiner Autonomieentwicklung einen gehörigen Schritt voranbringen würde.*

70. Was tun bei Telefonitis?

Sobald unser Sohn (15) aus der Schule kommt, hängt er sich ans Telefon. Meine Freundinnen beschweren sich schon, dass man mich nicht mehr erreichen kann. Ich habe ihn unzählige Male aufgefordert, seine Gespräche zu begrenzen, mal höflich, mal liebevoll, mal fordernd, mal streng – leider ohne Erfolg. Sohn und Hörer sind untrennbar miteinander verbunden. Wie kann ich ihm klarmachen, dass es so nicht geht?

Als Kind hat Ihr Sohn nicht so häufig telefoniert, weil die Eltern die entscheidenden Bezugspersonen und Hauptansprechpartner waren. Im Alter von 15 gewinnt der Freundeskreis an Bedeutung, und die Eltern rücken zunehmend in den Hintergrund. Insofern ist die Telefonitis Ihres Sohnes normal. Wenn Sie ihm klarzumachen versuchen, dass es so nicht geht, übersehen Sie seinen Wunsch nach Ablösung und Austausch mit Gleichaltrigen. Dann laufen Sie Gefahr, sich in einem Machtkampf zu verlieren. Andererseits hat Ihr Bedürfnis, mit Ihren Freundinnen zu telefonieren, ebenso seine Berechtigung. Vermeiden Sie den Konflikt, indem Sie einen weiteren Telefon- oder einen ISDN-Anschluss mit mehreren Rufnummern beantragen. So kommen Sie sich nicht mehr in die Quere.

Fazit: *Jugendliche brauchen den Kontakt zu Gleichaltrigen. Besorgen Sie sich ein zweites Telefon.*

71. Mein Sohn hat schlimmen Liebeskummer

Mein Sohn (16) hat jetzt zum zweiten Mal heftigen Liebeskummer, und ich merke als Mutter, dass ich das schlecht aushalten kann. Er igelt sich in seinem Zimmer ein und ist überhaupt nicht mehr ansprechbar. Seit seine Ex-Freundin sogar mit einem Jungen aus seiner Klasse geht, will er nicht mal mehr in die Schule. Er tut mir sehr leid. Haben Sie eine Idee, wie ich ihm helfen kann?

So schmerzhaft das für Eltern auch ist: Sie können Ihren Sohn nicht vor Enttäuschungen bewahren! Er muss seine eigenen Erfahrungen machen. Betrachten Sie das Ganze als einen Lernprozess. In Liebesbeziehungen erleben Jugendliche, wie es ist, sich zu verlieben und enttäuscht zu werden, ineinander zu verschmelzen und wieder loszulassen, aber auch Eifersucht und Trennungen auszuhalten. Ich kann gut verstehen, dass Ihr Sohn unter der Voraussetzung, dass seine Ex-Freundin mit einem Jungen aus seiner Klasse zusammen ist, nicht in die Schule gehen will. Er muss nun lernen, irgendwie mit der Situation umzugehen und eine Lösung zu finden. Sie können ihm Gespräche anbieten und ihm zuhören, aber Sie können ihm nicht das Problem aus der Hand nehmen.

Liebeskummer kann, je nach Intensität und Länge der Beziehung, mehrere Wochen oder Monate dauern. Gespräche sind gegen Liebeskummer die beste Medizin – sofern Ihr Sohn überhaupt noch bereit ist, mit Ihnen über sein Liebesleben zu sprechen. Wenn Sie merken, dass er über einen längeren Zeitraum nicht aus seiner depressiven Stimmung herauskommt, dass er zu Alkohol oder Medikamenten greift oder Suizidgedanken äußert, sollten Sie sich professionelle Hilfe holen.

Fazit: *Liebeskummer ist eine wichtige Erfahrung, die Sie Ihrem Sohn nicht ersparen können. Unterstützen Sie ihn durch Anteilnahme und Gesprächsangebote.*

FÜNF PHASEN DES LIEBESKUMMERS – UND WAS MAN ALS AUSSENSTEHENDER TUN KANN

Wenn wir Liebeskummer haben, machen wir unterschiedliche Gefühlsphasen durch. Diese Phasen können nacheinander, aber auch gleichzeitig oder im Wechsel verlaufen.

1. **Schock und Protest.** Wird eine Beziehung beendet, erlebt der Verlassene eine Art Schockzustand. Er will die Tren-

nung nicht wahrhaben und bildet sich ein, dass bald alles wieder gut wird. Die Gedanken kreisen nur noch um die Trennung, die Gefühle schwanken zwischen Hoffnung und Verzweiflung. Man kann den Betroffenen helfen, indem man ihnen zuhört und gemeinsam mit ihnen überlegt, ob es tatsächlich noch Grund zur Hoffnung gibt. Aber: Lassen Sie sich nicht von den Hoffnungen des Verlassenen blenden, sondern sagen Sie offen und ehrlich, wie Sie die Situation einschätzen.

2. **Wut und Ärger.** Dies sind wichtige Gefühle, denn jetzt stürzt die oder der Ex-Geliebte vom Podest. Man fühlt sich betrogen und im Stich gelassen. Zuhörer machen hier oft den Fehler, dass sie den Betroffenen in seinem Zorn beschwichtigen wollen oder sogar Partei für den oder die Ex ergreifen. Doch die Wut hat ihre Berechtigung. Sie ist immer ein Zeichen, dass der Betroffene im Begriff ist, sich emotional aus der Beziehung zu befreien.

3. **Kampf.** Häufig raffen sich die Verlassenen noch einmal auf, um für die Beziehung zu kämpfen. Sie sind bereit für Kompromisse, nehmen sich vor, sich zu verändern, und bilden sich ein, dass die Beziehung noch eine Chance hat. Außenstehende verspüren oft den Drang, den Betroffenen «den Kopf zu waschen» und sie auf den Boden der Tatsachen zurückzuholen. Doch diese Kampfphase ist wichtig, denn sie hilft, den Trennungsschmerz zu bewältigen. Wer das Gefühl hat, alles probiert zu haben, kann besser loslassen.

4. **Depression.** Auf den Kampf folgt eine Zeit der depressiven Lähmung. Man begreift, dass es endgültig aus ist. Nichts macht mehr Spaß, die Zukunft wirkt düster, man ist antriebslos, kann sich zu nichts aufraffen. Dies ist die schlimmste Phase. Hier hilft vor allem Ablenkung, Zuhören

und Mutzusprechen, damit der Schmerz besser verarbeitet werden kann.

5. **Loslassen.** Der Verlassene nimmt sein Schicksal an, Lebensfreude und Tatendrang kehren zurück. Ähnlich wie in anderen Lebenskrisen lernt man sich in dieser Phase selbst besser kennen. In Gesprächen kann man den Betroffenen helfen, zu reflektieren, was sie in einer neuen Beziehung anders machen könnten.

72. Kann unser Sohn unglücklich sein, weil er schwul ist?

Mein 15-Jähriger hat mir vor wenigen Tagen anvertraut, er habe den Eindruck, schwul zu sein. Nun stelle ich mir als Mutter allerhand Fragen. Soweit ich weiß, haben Schwule nur selten befriedigende Partnerschaften. Angst macht mir auch, dass er sich mit HIV anstecken könnte. Läuft er Gefahr, unglücklich zu werden?

Mit Ihrer Frage sprechen Sie vielen Eltern homosexueller Jugendlicher aus dem Herzen. Neben Selbstvorwürfen und der Erkenntnis, von einem schwulen Sohn keine Enkel erwarten zu können, plagen Eltern vor allem Sorgen um die Zukunft ihrer schwulen Söhne. Viele haben die Phantasie, homosexuelle Männer lebten promiskuitiv und seien nicht zu dauerhaften, tiefer gehenden Beziehungen in der Lage. Dieser Lebenswandel und die Zugehörigkeit zu einer Risikogruppe führten möglicherweise zu einer Ansteckung mit dem HI-Virus, der Aids verursacht.

So verständlich solche Ängste auch sind: Homosexuelle sind nicht per se unglücklicher als Heterosexuelle. Man kann auch sagen: Heterosexualität ist sicher keine Garantie für ein glückliches Leben, wie wir nur allzu gut wissen. Wahr ist allerdings, dass Homosexuelle bezüglich Partnerschaften zum Teil andere Probleme zu bewältigen haben als ihre heterosexuellen Geschlechtsgenossen und dass sie als Aids-Risikogruppe verstärkt einer Ansteckungsgefahr ausgesetzt sind.

Was die Beziehungsfähigkeit betrifft, so legen schwule Jungen häufig einen anderen Werdegang zurück als ihre heterosexuellen Geschlechtsgenossen. Diese haben kein Coming-out zu bewältigen und sind innerlich freier, sich durch Ausprobieren in ersten Liebesbeziehungen ein gewisses Maß an Beziehungsfähigkeit anzueignen. Schwule Jungen hingegen werden durch den Coming-out-Prozess gebunden. Sie zweifeln an ihren Gefühlen, schämen sich für ihre Sexualität, ziehen sich in eine innere Immigration zurück und leiden nicht selten an Depressionen. Da viele noch nicht zu ihren homosexuellen Gefühlen stehen können und große Angst verspüren, mit ihrer Homosexualität an die Öffentlichkeit zu gehen, können sie nicht wie heterosexuelle Jungen in der Schule, beim Sport oder im Jugendfreizeitbereich erste Liebeskontakte knüpfen. Diese Erfahrungen fehlen zunächst, werden aber ausgeglichen, wenn sich Schwule als Jugendliche oder junge Erwachsene in Selbsthilfe- oder Coming-out-Gruppen mit ihrer sexuellen Orientierung auseinandersetzen und lernen, über sich und ihre Gefühle zu sprechen. Ist der Coming-out-Prozess einmal in Gang gesetzt, probieren sich die meisten in Partnerschaften aus und holen das nach, was sie in der Pubertät verpasst haben. Insofern sind sie als Erwachsene gegenüber Heterosexuellen bei der Partnersuche und Beziehungsgestaltung nicht mehr im Nachteil.

Aber auch Eltern haben einen Einfluss auf die Beziehungsfähigkeit ihres Sohnes. Je mehr angenommen und anerkannt sich Ihr Sohn von Ihnen fühlt, je mehr Vertrauen und Unterstützung Sie ihm entgegenbringen, desto befriedigender werden seine Beziehungen sein. Bezüglich HIV und Aids sollten Sie ihm entsprechende Broschüren besorgen. Sprechen Sie Ihre Befürchtungen offen an und fordern Sie ihn auf, Kondome zu verwenden – so wie Sie das mit einem heterosexuellen Sohn, der noch nicht Vater werden soll, auch tun würden.

Fazit: *Homosexuelle sind nicht unglücklicher als Heterosexuelle. Unterstützen Sie Ihren Sohn beim Coming-out und klären Sie ihn über Ansteckungswege auf.*

73. Mein Sohn ist so schüchtern

Mein Sohn (15) errötet leicht und ist sehr schüchtern. Er war schon immer ein introvertiertes Kind, aber ich habe das Gefühl, mit der Pubertät verschlimmert sich das. Wie kann ich ihm als Mutter helfen?

Schüchternheit ist kein Makel. Während einige Kinder eher extravertiert veranlagt sind und neugierig und offen die Welt erforschen, neigen andere zur Introversion und reagieren auf Menschen mit Zurückhaltung, Scheu und Rückzug. Introvertierte beobachten lieber, als dass sie sich aktiv in sozialen Gruppen einbringen. Warum jemand eher offenherziger oder eher schüchtern ist, muss im Einzelfall untersucht werden. Eine gewisse Rolle spielen Erziehung und Sozialisation, vieles deutet aber auch auf eine genetische Disposition hin. Schon Kleinkinder zeigen sich im Umgang mit Spielzeug je nach Persönlichkeitsstruktur offensiv neugierig oder ängstlich zurückhaltend. So wie es dunkelhaarige und blonde Kinder gibt, so gibt es eben auch eher aufgeweckte und eher verschlossene. Meistens ist es weniger die Umwelt, die die Schüchternheit der Betroffenen problematisch erlebt, als die Betroffenen selbst. Schüchterne haben oft ein negatives Bild von sich selbst. Sie erleben sich gehemmt, an den eigenen Fähigkeiten zweifelnd und von ihren Mitmenschen weniger wahrgenommen. Vor allem Jungen haben häufig das Gefühl, offensiver, mutiger und aggressiver sein zu müssen, weil dies Eigenschaften sind, die dem männlichen Rollenbild entsprechen.

Schüchterne sollten lernen, den scheuen und zurückhaltenden Anteil ihrer Persönlichkeit anzunehmen und sich nicht dafür zu schämen oder zu verurteilen. Sie sollten akzeptieren, dass sie vermutlich nie Draufgänger sein werden, dass das aber auch nicht notwendig ist, um in der Liebe und im Beruf Erfolg zu haben. Zum Ausgleich haben Schüchterne oft eine gute Beobachtungsgabe, ein sensibles Gespür für die Belange anderer und eine hohe soziale Kompetenz.

In der Pubertät kann Schüchternheit hinderlich sein, weil es ja gerade in dieser Zeit darum geht, sich von den Eltern zu lösen und zugleich Freundschaften und Liebesbeziehungen aufzunehmen und zu intensivieren. Unterstützen Sie Ihren Sohn, indem Sie ihm helfen, ein positives Gefühl zu seiner Schüchternheit zu entwickeln. Man muss kein Macho sein, um bei anderen Jungen und Mädchen anzukommen – auch Schüchternheit kann attraktiv sein. Stärken Sie sein Selbstbewusstsein, indem Sie ihn häufig loben. Kitzeln Sie zugleich seine rebellische Seite mehr heraus. Fordern Sie ihn zu Meinungsverschiedenheiten und Streits heraus, sodass er sich wehren muss und mehr aus sich herauskommen kann. Lassen Sie ihn häufiger recht behalten, so lernt er, dass er sich auch durchsetzen kann. Wenn Sie das Gefühl haben, dass er übermäßig unter seiner Schüchternheit leidet, können Sie ihm auch professionelle Hilfe vorschlagen. Grundsätzlich aber ist Ihr Einfluss als Mutter begrenzt. Ihr Sohn muss seine eigenen Erfahrungen machen. Letztendlich wird er an Problemen, Krisen und Konflikten wachsen – davor können und sollten Sie ihn nicht bewahren. Seine Schüchternheit wird im Laufe seines Lebens geringer werden, oder zumindest wird er lernen, damit umzugehen.

Fazit: *Schüchternheit ist ein Teil der Persönlichkeit, den es anzunehmen gilt. Unterstützen Sie Ihren Sohn dabei.*

74. Unser Sohn schlägt schnell zu

Unser Sohn (15) schlägt sofort zu, wenn er sich über jemanden ärgert. Er ist jähzornig, reizbar und kann überhaupt keine Kritik vertragen. Wenn wir ihn auf seine Aggressionen ansprechen, sagt er ganz bedrückt, er wisse auch nicht, warum er das tue, er habe sich einfach nicht unter Kontrolle. Nun machen wir uns Sorgen, dass er sich zu einem Schläger entwickelt, der sich nicht anders zu wehren weiß als mit Gewalt. Wie können wir auf ihn einwirken, damit das nicht passiert?

Manche Jungen neigen dazu, körperliche Gewalt einzusetzen, wenn sie sich verbal nicht wehren können. Sie haben keine Strategien parat, um sich in Streitsituationen argumentativ auseinanderzusetzen, fühlen sich ohnmächtig und hilflos – und schlagen zu. Es fehlen ihnen, im wahrsten Sinne, die Worte. Um diese Schwäche auszugleichen, greifen sie auf eine männliche Ressource zurück – ihre körperliche Kraft. Aus Sicht der betroffenen Jungen ist es immer noch besser, zuzuschlagen, als völlig als Verlierer dazustehen. Dahinter steckt oft eine tiefer liegende Selbstwertproblematik. Jungen, die impulsiv und aggressiv reagieren, sind leicht kränkbar und fühlen sich schnell entwertet. Die Wut, die sich in Reaktion auf dieses Entwertungsgefühl entwickelt, kommt so urplötzlich, dass die Betreffenden regelrecht die Kontrolle über sich verlieren. Solch eine – wie Fachleute sagen – narzisstische Wut hat ihren Ursprung nicht in der Pubertät. Möglicherweise hat Ihr Sohn schon als Kind impulsiv und aggressiv reagiert. In der Pubertät besteht jedoch die Möglichkeit, die Selbstwertproblematik aufzuarbeiten. Ihr Sohn muss lernen, sich selbst und seine Umwelt anders wahrzunehmen. Positiv ist, dass er sich selbst fragt, warum er sich nicht unter Kontrolle haben kann, und dass ihn sein unkontrolliertes Schlagen bedrückt. Das zeigt, dass er ein Problembewusstsein hat.

Für Jugendliche, die ihre Aggressionen nicht unter Kontrolle haben, gibt es einige Angebote, zum Beispiel:

- Antiaggressions- oder Antigewalttrainings in Gruppen.
- Kampfsport: Hier würde Ihr Sohn lernen, seinen Körper und seine Affekte besser zu kontrollieren.
- Tiergestützte Therapien wie die Reittherapie oder therapeutische Settings, in denen Kleintiere miteinbezogen werden. Sie fördern die Empathiefähigkeit und sind zunehmend im Kommen.
- Kinder- und Jugendlichenpsychotherapie: Dies hätte den Vorteil, dass Ihr Sohn sich intensiv mit seinen Sorgen, Nöten und Ängsten auseinandersetzen könnte, die hinter seinem aggressiven Verhalten stehen.

Innerhalb der Familie könnten Sie mit Ihrem Sohn eine bessere Streitkultur einüben. Ermutigen Sie ihn, in Konfliktsituationen über seine Gefühle zu sprechen, hören Sie ihm aufmerksam zu und nehmen Sie seine Argumente ernst. Achten Sie darauf, dass er hin und wieder recht behält und sich durchsetzen kann. Ziel solcher Übungen sollte es sein, dass Ihr Sohn lernt, mit Worten statt mit Fäusten zu argumentieren.

Fazit: *Impulsivität bzw. seine Aggressionen nicht unter Kontrolle zu haben ist Ausdruck einer tiefer liegenden Selbstwertproblematik. Schlagen Sie Ihrem Sohn vor, dass er sich Unterstützung holt.*

75. Unser 15-jähriger Sohn hat ein Verhältnis mit einer 34-jährigen Frau

Zu unserem Entsetzen hat unser Sohn (15) Jonas ein Verhältnis mit einer 34-jährigen Frau angefangen! Die Dame arbeitet an der Bar des Sportvereins, wo unser Sohn Kampfsportunterricht nimmt. Angeblich ist es wohl schon zu Geschlechtsverkehr gekommen. Meine Frau und ich sind vollkommen fassungslos. Ist unser Sohn nicht viel zu jung, um mit einer reifen Frau ein Verhältnis einzugehen – ganz abgesehen davon, dass das rechtlich nicht in Ordnung ist?

Ich kann Ihre Fassungslosigkeit gut verstehen. Schließlich ist ein 15-Jähriger gerade im Begriff, Liebe und Sexualität mit all den jugendlichen Wünschen nach Verschmelzung, Romantik und Abenteuer für sich zu entdecken, während sich eine Frau Mitte dreißig in einer anderen Lebensphase befindet. Streng genommen missbraucht diese Frau Ihren Sohn! Allerdings würde ich davon absehen, die rechtliche Seite ins Spiel zu bringen, weil sich Ihr Sohn dann vermutlich von Ihnen zurückziehen würde. Es ist jedoch wichtig, dass Sie Zugang zu ihm haben, falls er mit dem Verhältnis überfordert ist und Ihre Hilfe benötigt. Außerdem würden Sie die Liebesgefühle Ihres Sohnes mit einer Anzeige nicht aus der Welt schaffen. In absehbarer Zeit wird er 16 und ist dann ohnehin in der Wahl seiner Liebespartner frei. Tolerieren Sie das Verhältnis und behalten Sie Ihren Sohn im Blick. Sorgen Sie dafür, dass er Ihnen vertraut, indem Sie ihm signalisieren, dass Sie die Beziehung ernst nehmen. Ihr Sohn hat sich verliebt, und das gilt es zu respektieren, auch wenn Sie verständliche Einwände gegen seine Partnerwahl haben. Vermutlich fühlt er sich geschmeichelt, dass sich eine so viel ältere und reifere Frau für ihn interessiert. Sprechen Sie mit ihm über Verhütung und machen Sie ihm klar, welche Konsequenzen es hätte, wenn er Vater würde.

Fazit: *Nehmen Sie das Verhältnis ernst, auch wenn es Ihnen schwerfällt. Wichtig ist, dass Ihr Sohn Ihnen vertraut, denn möglicherweise braucht er Ihren Rat und Ihre Unterstützung.*

SCHUTZALTER IN DEUTSCHLAND

Um Kinder und Jugendliche vor sexuellem Missbrauch zu schützen, liegt das Schutzalter für sexuelle Handlungen in Deutschland bei 14 und bei 16 Jahren. Das heißt:

Erwachsene und Jugendliche dürfen mit Kindern **unter 14 Jahren** grundsätzlich keine sexuellen Handlungen vornehmen. Ausnahme: Die Liebes- oder Sexualpartner sind fast gleich alt (zum Beispiel 15 und 13) und haben <u>freiwillig</u> Sex miteinander.

Jugendliche im Alter von **14 oder 15 Jahren** befinden sich in einer Art Übergangszone. Strafbar machen sich erwachsene Sexualpartner, die 21 Jahre und älter sind.

Ab 16 Jahren dürfen Jugendliche selbst bestimmen, mit welcher Altersgruppe sie sexuelle Handlungen vornehmen wollen. Jedoch machen sich Sexualpartner strafbar, die den Jugendlichen in einem Abhängigkeitsverhältnis erziehen, ausbilden oder betreuen, wie zum Beispiel Lehrer, Trainer, Erzieher, Priester oder Pflegepersonal.

Übrigens: Mit sexuellen Handlungen ist nicht nur Geschlechtsverkehr gemeint, sondern jegliche körperliche Berührung, die auf sexuelle Erregung abzielt.

76. Unser 15-jähriger Sohn wird Vater

Unser Sohn (15) hat uns gestern eröffnet, dass er Vater wird. Seine Freundin (15) ist wild entschlossen, mit Hilfe ihrer Eltern das Kind großzuziehen. Meine Frau und ich sind völlig verwirrt. Unser Sohn ist doch selbst noch ein Kind, geht noch zur Schule und schafft es nicht mal, sein Zimmer aufzuräumen. Wie soll er da ein eigenes Kind großziehen?

Eine Vaterschaft des minderjährigen Sohnes ist für Eltern häufig ein Schock. Viele Eltern fragen sich besorgt, ob der Sohn der neuen Aufgabe überhaupt gewachsen ist. Wie soll ein Jugendlicher, der sein eigenes Leben kaum bewältigen kann, in der Lage sein, Verantwortung für ein Kind zu übernehmen? Hinzu kommen oft Wut und Enttäuschung, dass der Sohn und seine Freundin nicht verhütet haben, aber auch Selbstvorwürfe, man habe bei der Sexualerziehung etwas versäumt. Auch die Eltern-Sohn-Beziehung verändert sich schlagartig. Eigentlich erleben Sie Ihren Sohn als einen Jugendlichen, der selbst noch ein Kind ist, aber die Vaterschaft macht ihn schlagartig zu einem Erwachsenen. Sie werden mit einem plötzlichen, drastischen Ablösungsschritt Ihres Sohnes konfrontiert. Doch Ihr Sohn ist und bleibt ein Heranwachsender, der versorgt werden will und Ihre Unterstützung benötigt. Nur die Themen ändern sich. Vielleicht wird es in nächster Zeit nicht nur um die Pizzareste in seinem Zimmer gehen, sondern vor allem auch um seine neue Rolle als Vater. Sprechen Sie mit ihm darüber, was es heißt, Vater zu sein, und welche Pflichten auf ihn zukommen, aber achten Sie auch weiterhin auf seine schulischen Leistungen und die Einhaltung von Regeln. Die Vaterschaft könnte sich positiv auf die Autonomieentwicklung Ihres Sohnes auswirken: Wenn er bisher nur schlecht Verantwortung übernehmen konnte, dann lernt es vielleicht jetzt.

Fazit: *Unterstützen Sie Ihren Sohn beim Hineinwachsen in seine neue Rolle als Vater.*

Übrigens: *Die Eltern eines minderjährigen Vaters müssen nicht für den Unterhalt ihres Enkelkindes aufkommen. Solange der Vater noch kein eigenes Einkommen hat, kann er beim Jugendamt einen Unterhaltsvorschuss beantragen.*

SCHULE UND SCHULVERWEIGERUNG

77. Unser Sohn will sich alleine um die Schule kümmern

Mein 14-Jähriger will sich seit Neuestem um Hausaufgaben und Ordnerführung alleine kümmern – schließlich sei er jetzt alt genug. Leider kann ich ihm aber in dieser Hinsicht nicht vertrauen. Die Hausaufgaben werden im Nu runtergeschmiert, sofern sie überhaupt erledigt werden, und seine Papiere fliegen irgendwo in seinem Zimmer herum, weit davon entfernt, in einem Ordner zu landen. Wenn ich ihn darauf anspreche, sagt er, er habe das schon im Griff, ich solle ihm ruhig vertrauen. Aber das tue ich nicht. Wie soll ich mich am besten verhalten?

Es ist ein zweischneidiges Schwert. Wenn Sie Ihren Sohn weiterhin beaufsichtigen, obwohl er Ihnen mehr Eigeninitiative im Umgang mit der Schule versprochen hat, behindern Sie ihn in seiner Autonomieentwicklung. Ich höre häufig von Schülern, dass ihnen zu viel elterliche Kontrolle die Motivation raubt, sie lähmt und sie erst recht in den Widerstand treibt. Auf der anderen Seite sehe ich das Chaos in seinem Zimmer, auf dem Schreibtisch und in seiner Schultasche förmlich vor mir. «Struktur» ist für viele Jugendliche ein Fremdwort – im wahrsten Sinne des Wortes –, und ich kann Eltern gut verstehen, dass sie bei all dem Chaos das dringende Bedürfnis verspüren, die Kontrolle zu behalten.

Die Ursachen für dieses Chaos liegen in den psychischen

und physischen Veränderungen in der Pubertät. Es geht um Widerstand gegen Regeln, Auflehnung gegen Autoritäten und neurologische Prozesse im Gehirn, die es Jugendlichen schwer machen, zu planen, zu strukturieren, den Überblick zu behalten und die Konsequenzen des eigenen Handelns abzusehen. Die Schule verlangt jedoch genau diese Aspekte; sie fordert ein hohes Maß an Disziplin, Einsicht und Struktur. Weil Jugendliche spüren, dass sie diesen Anforderungen nur schwer gerecht werden können, fühlen sie sich überfordert und haben eine oft unterschwellige Angst zu scheitern. Sie geraten in einen inneren Konflikt, wollen einerseits erwachsen sein und die Schule selbständig bewältigen, haben aber andererseits das Gefühl, es alleine nicht zu schaffen. Dieser Widerspruch wird nicht kommuniziert. Ein Jugendlicher sagt nicht zu seinen Eltern: «Du, Mama, ich würde so gerne selbständiger und autonomer sein, fühle mich aber überfordert damit!» Stattdessen reagieren Jugendliche mit Faulheit, Desinteresse und Widerstand – oder tragen den inneren Konflikt in der Beziehung zu den Eltern aus.

Wenn Ihr Sohn Ihnen signalisiert, dass er sich alleine um die Schule kümmern will, sich zugleich aber so verhält, dass man ihm dies nicht zutrauen kann, können Sie davon ausgehen, dass er sich in solch einem inneren Konflikt befindet. Was Jugendliche in diesem Fall brauchen, sind nicht so sehr Druck und Kontrolle, als vielmehr Verständnis und Zuspruch. Sprechen Sie mit Ihrem Sohn über seine Schwierigkeiten und decken Sie den inneren Konflikt auf. Zeigen Sie Verständnis für die Probleme, die man als Schüler zu bewältigen hat, und machen Sie ihm zugleich Mut, dass ihm das schon irgendwie gelingen wird. Nehmen Sie seinen Wunsch nach Selbständigkeit ernst und lassen Sie ihn seine Schulangelegenheiten selbst regeln. Beobachten Sie, wie sich seine Leistungen entwickeln, und reden Sie mit ihm über das Ergebnis. Loben Sie ihn, wenn seine Leistungen gleichbleibend sind oder sich verbessern, und bieten Sie ihm Ihre Mithilfe und unterstützende Kontrolle an, wenn sich die Leistungen verschlechtern sollten. So kann sich Ihr Sohn langsam Eigenverantwortung und Selbständigkeit aneignen.

Fazit: *Nehmen Sie den Wunsch Ihres Sohnes nach Eigeninitiative ernst und beobachten Sie, was passiert. Bleiben Sie mit ihm über das Ergebnis im Gespräch.*

Tipp: Visualisieren, Systematisieren – so helfen Sie Ihrem Sohn, den Überblick zu behalten!

Schreiben Sie mit Ihrem Sohn den aktuellen Zensurenstand eines jeden Schulfachs auf eine Karteikarte und legen Sie alle Karten auf dem Boden aus. Lassen Sie Ihren Sohn auf weiteren Karten notieren, welches seine Zielzensur in jedem einzelnen Fach sein sollte. Wichtig dabei: Jugendliche neigen zur Selbstüberschätzung. Achten Sie deshalb darauf, dass die Zielzensur realistisch ist, sonst überfordert sich Ihr Sohn. Stapeln Sie lieber zu tief als zu hoch. In einem dritten Schritt lassen Sie Ihren Sohn auf eine Karte schreiben, welche Leistung er schriftlich und mündlich erbringen muss, um seine Zielzensur zu erreichen. Der Vorteil dieser Methode ist, dass Ihr Sohn seine Leistungen strukturiert vor sich sehen und dadurch realistischer einschätzen kann. Er muss dann nicht die dumpfe und lähmende Angst mit sich herumtragen, in der Schule laufe es grundsätzlich nicht gut. Wiederholen Sie die Übung nach einiger Zeit.

78. Schulverweigerung – was sollen wir tun?

Die Versetzung unseres Sohnes (15) ist zum wiederholten Male gefährdet. Statt zu lernen und Hausaufgaben zu machen, hängt er lieber vor der Glotze oder trifft sich mit seinen Freunden. Regeln, die wir mal eingeführt haben, zum Beispiel dass er täglich eine Stunde für die Schule lernt, werden nicht befolgt. Wenn wir ihn nach seinen Hausaufgaben fragen, heißt es jedes Mal, er habe nichts auf. Nun sind wir mit seinen Lehrern übereingekommen, dass er sich nach jeder Unterrichtsstunde die Hausaufgaben abzeichnen lässt und uns vorlegt. Aber auch das boykottiert er, indem er sich gar nicht erst die Unterschrift abholt. Die Lehrer sagen, sie hätten keine Zeit, unserem Sohn ständig hinterherzulaufen. Was sollen wir tun? Meine Frau und ich wissen uns keinen Rat mehr.

Bisher haben Sie versucht, die Verweigerungshaltung Ihres Sohnes durch Kontrolle in den Griff zu bekommen. Sie haben auf die Einhaltung von Regeln geachtet, doch als Sie damit keinen Erfolg mehr hatten, haben Sie die Lehrer als kontrollierende Instanz hinzugezogen. Aber auch das wird von Ihrem Sohn boykottiert. Ein Teufelskreis: Je mehr Druck Sie ausüben, desto mehr verweigert sich Ihr Sohn, und je mehr sich Ihr Sohn verweigert, desto mehr fühlen Sie sich genötigt, Druck auszuüben. Ihr Sohn lehnt sich auf, weil er Kontrolle nicht als Unterstützung erlebt, sondern als bevormundende Macht, von der er sich klein gemacht fühlt. Um sich nicht wirklich klein zu fühlen, wehrt und widersetzt er sich. Das Traurige dabei ist der Umstand, dass er sich letztendlich damit nur selbst schadet. Möglicherweise will er aber auch Sie als Eltern strafen, weil er spürt, wie sehr Ihnen sein schulischer Erfolg am Herzen liegt.

Teufelskreise lassen sich in der Regel nur durchbrechen, wenn wenigstens eine Seite das Verhalten ändert. Für Sie als Eltern würde das bedeuten: Halten Sie sich mehr zurück, vermeiden Sie Kontrolle. Nehmen Sie seine schlechten Zensuren und gegebenenfalls auch Sitzenbleiben in Kauf. Nur so lernt Ihr Sohn, dass sein Verweigerungsverhalten Konsequenzen hat, die er selbst tragen muss. Überprüfen Sie zugleich Ihre eigenen Ansprüche. Kann es sein, dass Sie zu hohe Erwartungen an Ihren Sohn haben, dass Sie ihn mit Leistungsansprüchen überfordern? Setzen Sie sich mit ihm zusammen und versuchen Sie herauszufinden, warum er sich der Schule so widersetzen muss, welche Gefühle ihn dabei bewegen und welche Ängste er hat. Vielleicht fühlt er sich von seinen Lehrern nicht gemocht und ernst genommen, vielleicht hat er Angst, zu versagen, vielleicht gibt es Probleme mit seinen Mitschülern. Er könnte über-, aber auch unterfordert sein. Häufig sind Jugendliche nicht zu intellektuellen Höchstleistungen in der Lage, weil ihnen die körperlichen, sexuellen und psychischen Veränderungen der Pubertät viel Energie abverlangen. Möglicherweise wünscht er sich mehr Zuwendung von Ihnen als Eltern, will nicht nur über Schule und Leistung definiert werden, benötigt mehr Lob und Anerkennung. Fragen Sie ihn, was er sich von Ihnen wünscht und wie Sie sich am besten verhalten sollten, um ihn zu unterstützen. Im Endeffekt geht es für Ihren Sohn nicht so sehr darum, gute Zensuren zu schreiben, sondern den inneren Konflikt zu lösen, der hinter seiner Schulverweigerung steckt.

Fazit: *Ihr Sohn signalisiert durch sein Verhalten, dass er durch Kontrolle nicht erreichbar ist. Versuchen Sie gemeinsam mit ihm herauszufinden, welche Sorgen und Nöte ihn zu der Verweigerung treiben.*

SCHULSCHWÄNZEN

Schulschwänzen ist eine extreme Form der Schulverweigerung. Dahinter verbirgt sich meistens ein versteckter Hilferuf. Ursachen können sein:

- Psychische Probleme wie Depressionen, Selbstwertkrisen, Einsamkeit oder Sucht.
- Der übersteigerte und verzweifelte Versuch, Grenzen auszutesten und sich Autoritäten zu widersetzen.
- Eine gestörte Beziehung zu den Eltern oder ein gestörtes Familienklima.
- Überforderung und Versagensängste.

Holen Sie sich bei einem Schulpsychologen oder einer Beratungsstelle Hilfe, wenn Ihr Sohn öfter die Schule ausfallen lässt.

79. Die Lehrer sind immer schuld!

Mein 16-jähriger Sohn Paul besucht die 10. Klasse eines Gymnasiums. Obwohl er bereits einmal sitzengeblieben ist, ist seine Versetzung erneut in Gefahr. Angeblich sind die Lehrer an allem schuld. Es ist in der Tat so, dass die Zensuren bei denjenigen Lehrern, die er mag, besser sind als bei denen, die er nicht mag. Aber er kann doch seine Leistungen nicht von der Sympathie oder Antipathie zu den Lehrern abhängig machen!

Wenn die Beziehung zwischen Lehrer und Schüler gestört ist, kann sich das sehr wohl in den schulischen Leistungen bemerkbar machen. Schüler befinden sich dem Lehrer gegenüber in einem Abhängigkeitsverhältnis, denn Lehrer haben die Macht, die Leistungen des Schülers zu bewerten und über dessen Versetzung zu entscheiden. Eltern übersehen häufig, dass die Schule nicht nur ein Ort von Leistung und Wissensaneignung ist, sondern dass in der Schule auch der Umgang mit Beziehungen vermittelt wird. Schüler lernen, Machtverhältnisse auszuhalten, Kritik einzustecken, sich anzupassen und unterzuordnen, es zu ertragen, nicht der Lieblingsschüler des Lehrers zu sein – alles Aspekte, die im späteren Berufsleben von Bedeutung sind. Ich bin geneigt, zu behaupten, dass der psychische Lerneffekt der Schule genauso wichtig ist (wenn nicht wichtiger) wie der Erwerb von Wissen.

In der Pubertät ist der Umgang mit Lehrern häufig so schwierig, weil Pubertierende den Drang verspüren, sich Regeln und Autoritäten zu widersetzen; weil sie dazu neigen, die Verantwortung an die Lehrer zu delegieren. Man lernt nicht für sich, sondern für die Schule. Auch das Geschlecht eines Lehrers kann eine Rolle spielen. Manche Jungen haben eher Probleme mit Lehrerinnen, andere eher mit Lehrern. Zugleich ist das Identitätsgefühl noch nicht gefestigt, sodass viele Jugendliche äußerst gekränkt auf schlechte Bewertungen und Kritik reagieren. Viele halten es nicht aus, dass ihnen bestimmte Fächer nicht liegen, und suchen bei ihren Lehrern die Schuld dafür. Finden Sie gemeinsam mit Paul heraus, welche Beziehungsprobleme sich hinter den schlechten Leistungen verbergen. Fühlt er sich in seiner Mitarbeit nicht wahrgenommen, zu Unrecht kritisiert oder nicht gemocht? Hat er ein Problem mit Unterordnung und Macht? Ist er in einigen Fächern schlichtweg überfordert und will das nicht wahrhaben? Zudem sollten Sie Gespräche mit den Lehrern führen, mit denen Ihr Sohn Schwierigkeiten hat, um sie für die Konflikte zu sensibilisieren.

Fazit: *Gestörte Lehrer-Schüler-Beziehungen können die Leistungsbereitschaft mindern. Finden Sie gemeinsam mit Ihrem Sohn heraus, welches Problem er mit den Lehrern hat.*

80. Macht mein Mann unserem Sohn zu viel Druck?

Die Noten unseres Sohnes Nick (14) bewegen sich im unteren Durchschnitt, und wir zittern um seine Versetzung. Nick ist einfach zu faul. Obwohl er durch meinen Mann ständig zu mehr Fleiß aufgefordert wird, ändert sich nichts. Inzwischen ist mein Mann so wütend und enttäuscht, dass er Nick aus dem Weg geht, worunter der Junge sehr leidet. Ich finde das Verhalten meines Mannes übertrieben und frage mich, ob es sein kann, dass er zu viel Druck auf unseren Sohn ausübt.

Väter haben oft überhöhte Leistungserwartungen an ihre Söhne, reagieren wütend und gekränkt, wenn der Sohn nicht die gewünschten Zensuren mit nach Hause bringt – fast so, als hätten sie selbst die Arbeit verhauen. Irgendwann definiert sich die Vater-Sohn-Beziehung nur noch über die Schule, und das einzige Thema, das beide zu besprechen haben, sind nicht gemachte Hausaufgaben und in den Sand gesetzte Klassenarbeiten. Das hat zur Folge, dass sich Söhne – bewusst oder unbewusst – widersetzen. Faulheit oder Verweigerung kann immer auch ein Widerstand im Sinne von «Jetzt tue ich erst recht nichts!» sein. Der Widerstand ist die einzige Möglichkeit, Versagensängste in Schach zu halten, denn oft fühlen sich Söhne von den hohen väterlichen Erwartungen überfordert. Die Gefahr dabei ist, dass Vater und Sohn in einen Machtkampf geraten, wobei die Waffen des Sohnes Faulheit und schlechte Leistungen sind.

Ich erinnere mich an einen 14-jährigen Gymnasiasten, der von seinen Eltern zu mir geschickt worden war, weil er mit der Schule überfordert war. Der Vater, ein Mathematiker, hegte die Erwartung, ich möge den Jungen zu einem besseren Schüler machen. Die Fähigkeiten des Sohnes lagen auf künstlerischem Gebiet, doch das besaß in den Augen des Vaters keinen Wert. Interessanterweise war der Junge in Mathematik besonders schlecht. Ich vermute, sein Scheitern gerade in diesem Fach drückte eine Mischung aus Versagensangst und Widerstand gegen die Erwartungen des Vaters aus. Er spürte, dass seine Fähigkeiten auf ganz anderem Gebiet lagen, dass er den Vater in Mathematik niemals würde einholen und dass er dessen Ansprüche nicht würde zufriedenstellen können. Darunter litt sein Selbstbewusstsein, und so war er leistungsmäßig auch in anderen Fächern eingebrochen. Nachdem er ein halbes Jahr zu mir gekommen war, erhielt er sein Halbjahreszeugnis, das kaum Verbesserungen aufwies, bis auf eine Ausnahme: Er hatte sich in Mathematik auf eine Vier hinaufgearbeitet. Ich war hocherfreut, als ich sein Zeugnis in der Hand hielt, und sagte, dass eine Vier in Mathe doch ein riesiger Erfolg sei. Daraufhin begann er hemmungslos zu schluchzen. Ich kann mich nicht erinnern, jemals einen Jugendlichen so weinen gesehen zu haben. Er sagte: «Wenn mein Vater doch nur ein einziges Mal so etwas zu mir sagen würde!»

Es ist durchaus wünschenswert, dass Eltern einen gewissen Druck auf ihre heranwachsenden Kinder ausüben. Eltern, die eine gleichgültige Haltung an den Tag legen und ihre Jugendlichen machen lassen, was sie wollen, lassen sie alleine. Aber was Söhne vor allem auch von ihren Vätern brauchen, ist Fürsorge, Verständnis und Anerkennung. Wie sollen sie lernen, eigene Fehler, Schwächen und Unzulänglichkeiten zu entdecken und zu akzeptieren, wenn sie in Vätern darin keine Unterstützer haben? Fordern Sie von Ihrem Mann, den Druck zu mildern und stattdessen mit seinem Sohn nach den Ursachen für dessen Lernunwilligkeit zu forschen. Vielleicht sollten Sie einen Rollenwechsel ausprobieren. Sie könnten mehr eine kontrollierende Funktion übernehmen, während Ihr Mann für die seelische Unterstützung seines Sohnes zuständig ist.

Fazit: *Väter machen ihren Söhnen oft Druck. Was Jungen von Vätern jedoch brauchen, ist Fürsorge, Verständnis und Anerkennung.*

81. Unser Sohn will die Schule kurz vor dem Abi schmeißen!

Zu unserem Entsetzen hat uns unser 17-jähriger Sohn eröffnet, dass er ein Jahr vor dem Abitur von der Schule abgehen will. Wir haben ihm aufgezählt, welche beruflichen Chancen ihm entgehen würden, aber all das erreicht ihn nicht. Er sagt, er würde lieber die Schule verlassen als durchs Abi fallen. Wir verstehen das nicht. Seine Noten sind zwar nicht die besten, aber er würde das Abitur mit Sicherheit schaffen. Er selbst wirkt auch nicht glücklich mit seiner Entscheidung. Wie können wir ihn für das Abitur motivieren?

Ich habe den Eindruck, dass sich Ihr Sohn mit der Schule überfordert fühlt und Angst vor dem Scheitern hat. Sie haben ihm zwar die Nachteile eines Schulabgangs vor Augen gehalten, doch das überzeugt ihn nicht, und er hält an seinem Entschluss fest. Dennoch bleibt er unglücklich. Es ist, als sitze er in der Falle: Bleibt er, muss er sich weiterhin mit seinen Versagensängsten konfrontieren – geht er, ist er gescheitert. Wie er es auch anpackt, es fühlt sich so an, als sei er auf der Verliererseite. Vielleicht geht es nicht so sehr darum, Ihren Sohn zum Weitermachen zu motivieren, denn dass es klug wäre, das Abitur zu machen – dessen ist sich Ihr Sohn bewusst. Vielleicht geht es eher darum, ihm zu helfen, die für ihn richtige Entscheidung zu treffen. Was wäre so schlimm daran, die Schule vor dem Abitur zu beenden? Er könnte sein Abitur zu einem späteren Zeitpunkt, wenn er sich reifer und gefestigter fühlt, nachmachen. Ich erlebe es manchmal, dass Jugendliche regelrecht aufblühen, wenn sie sich entschieden haben, die Schule mit einem Realschulabschluss oder der Fachhochschulreife zu beenden, obwohl sie eigentlich das Abitur geplant hatten. Sie fühlen sich von einer großen Last befreit, bekommen mehr Selbstvertrauen und können zum ersten Mal mit klarem Kopf berufliche Pläne schmieden. Wenn Sie Ihrem Sohn vermitteln könnten, dass ein Schulabgang durchaus auch eine Option wäre, hätte er mehr Spielraum, eine für ihn passende Entscheidung zu fällen, die gegen, möglicherweise aber auch für das Abitur ausfallen könnte. Sie würden ihm quasi erlauben, seinen Weg zu gehen, ohne sich dabei als Verlierer fühlen zu müssen. Auch wenn ich Ihr Entsetzen über seinen Schulabgang verstehen kann (mir würde es genauso gehen): Nehmen Sie ihm den Druck und machen Sie ihm Mut, es im Leben zu schaffen – auch ohne Abitur. Als Entscheidungshilfe könnte er sich an eine Berufsberatung wenden, um herauszufinden, welche beruflichen Möglichkeiten ihm auch ohne Abitur offen stünden. Manchmal hilft es, wenn ein Außenstehender, der emotional nicht in diesem hohen Maße beteiligt ist, Jugendlichen den «Kopf wäscht».

Fazit: *Helfen Sie Ihrem Sohn, eine für sich richtige Entscheidung zu fällen, indem Sie einen Schulabgang als ernst zu nehmende Möglichkeit in Betracht ziehen.*

82. Unser Sohn wird in der Schule gemobbt!

In letzter Zeit fehlen meinem Sohn (14) Schul- und Sportsachen, wenn er von der Schule heimkommt. Zweimal musste ich bereits neue Turnschuhe kaufen. Wenn ich ihn frage, wo die Sachen geblieben sind, schweigt er oder denkt sich irgendwelche Geschichten aus. Ich habe den dringenden Verdacht, dass er in der Schule gemobbt wird. Warum spricht er nicht mit mir darüber? Und wie kann ich ihm helfen?

Wenn Ihrem Sohn Schulsachen fehlen und er Ihnen nicht erklären will, was damit geschehen ist, müssen Sie tatsächlich Mobbing in Betracht ziehen. Ihr Sohn spricht nicht mit Ihnen, weil er sich schämt. Vor allem heranwachsende Jungen haben große Schwierigkeiten, sich mit der Rolle eines Opfers zu identifizieren. Als Pubertierende, die sich in ihrer Geschlechtsidentität noch nicht gefestigt fühlen, sind sie bestrebt, dem Bild eines starken, souveränen Helden zu entsprechen. Einen Prügelknaben, der von seinen Mitschülern zum Gespött gemacht wird, können sie nicht mit dem eigenen Bild von sich vereinbaren. Die Scham sitzt so tief, dass sie sich niemandem, nicht mal der eigenen Mutter, anvertrauen. Zu groß ist die Angst, vor anderen und sich selbst als «Memme» oder «Weichei» dazustehen. Das hat zur Folge, dass sich Schülergewalt gegen Jungen über einen langen Zeitraum und in aller Heimlichkeit abspielen kann. Außerdem fürchten die Betroffenen, ein Offenlegen der Schikanen hätte zur Folge, dass sich die Mobber an ihnen rächen.

Sie sollten mit Ihrem Sohn über Ihren Verdacht sprechen. Sagen Sie ihm, dass Sie das Gefühl haben, er würde von seinen Mitschülern schikaniert, und machen Sie ihm zugleich Mut, über seine Erlebnisse zu reden. Versuchen Sie ihm bewusst zu machen, dass man als Mann durchaus in die Rolle eines Opfers geraten kann, ohne dass dies etwas mit mangelnder Männlichkeit zu tun hat. Bleiben Sie über diese Themen im Gespräch, auch wenn sich Ihr Sohn Ihnen gegenüber nicht gleich öffnet. Auch sollten Sie mit dem Klassenlehrer Ihres Sohnes sprechen, sodass sich Ihr Sohn sofort nach einem Übergriff an ihn wenden kann und dieser die entsprechenden Maßnahmen einleitet. Zeigt sich der Klassenlehrer nicht kooperativ, sollten Sie die Schulleitung informieren. Wichtig ist, dass Sie Ihren Mobbingverdacht ernst nehmen und der Sache so lange auf den Grund gehen, bis sie vollständig aufgeklärt ist.

Fazit: *Jungen reden nicht über erlittene Gewalt, weil sie sich für die Opferrolle schämen. Machen Sie Ihrem Sohn Mut, über seine Erlebnisse zu sprechen, und beziehen Sie die Schule mit ein.*

HAUSHALT UND SOZIALE KOMPETENZ

83. Hotel Mama

Wie bringe ich meinen Sohn (14) dazu, sich an Haushaltsdingen zu beteiligen? Spülmaschine ausräumen, mit dem Hund gehen, seine Klamotten nicht immer im Wohnzimmer liegen lassen – unseren Sohn interessiert das alles überhaupt nicht. Seine Dreckwäsche (Socken, Unterwäsche) landet jedes Mal verkrempelt im Wäschesack, obwohl ich ihn schon tausendmal gebeten habe, sie glatt zu ziehen. Er muss doch kapieren, dass er nicht alleine auf der Welt ist!

Sie haben völlig recht: Heranwachsende sollten irgendwann ihre Egozentrik ablegen und zur Kenntnis nehmen, dass sie in einer Gemeinschaft leben, in der sie Pflichten zu übernehmen haben. Es kann nicht alles nach dem Lustprinzip gehen, auch wenn Heranwachsende das oft anders sehen. Bügeln, waschen, putzen – die Dinge müssen erledigt werden, ob es Spaß macht oder nicht. Doch zu dieser Erkenntnis gelangt man als Pubertierender häufig nur durch Widerstand und Protest. Es ist ein hartes Stück Arbeit, zu begreifen, dass man die behütete und bequeme Kinderstube aufgeben soll, nur um für seine Mitmenschen in Verantwortung zu gehen. Als hätte man mit den eigenen Sachen wie Hausaufgabenerledigen und Zimmeraufräumen nicht schon genug an der Backe!

Das Erlernen sozialer Pflichten ist ein Kraftakt, der vergleichbar schwierig ist wie eigenverantwortliches Lernen für die

Schule oder das Einhalten von Regeln. Die Pubertät ist eine Durchgangsstation zwischen dem Alter eines Säuglings und dem Alter eines Erwachsenen; sie befindet sich inmitten einer Entwicklung vom Ich zum Wir. Während der Säugling ausschließlich um seine eigenen Bedürfnisse kreist, sollte es ein Erwachsener gelernt haben, dass in einer Gemeinschaft auch Eigenschaften wie Einfühlung, soziale Verantwortung und die Übernahme von Pflichten zählen. Es ist keine Boshaftigkeit, wenn sich Ihr Sohn nicht an Haushaltsdingen beteiligen will, sondern Teil des pubertären Prozesses. Jugendliche sind mit ihrem Lebensmittelpunkt ganz woanders und kreisen um all die Sorgen und Nöte, die die Pubertät mit sich bringt. Nehmen Sie sein Verhalten nicht persönlich, bleiben Sie gelassen und lassen Sie sich nicht allzu sehr in Machtkämpfe verstricken. Besprechen Sie mit ihm, dass er allmählich älter und erwachsener wird und dass er, wenn er mehr Rechte haben möchte, auch mehr Pflichten übernehmen muss. Um Konflikte flachzuhalten, sollten Sie ihn sachte an seine Pflichten heranführen. Vereinbaren Sie mit ihm eine Aufgabe, die er übernehmen könnte, zum Beispiel am Abend die Spülmaschine auszuräumen oder einmal wöchentlich Staub zu wischen. Lassen Sie es zunächst dabei bewenden und drücken Sie bei anderen Nachlässigkeiten ein Auge zu, sonst überfordern Sie ihn. Erweitern Sie seinen Pflichtbereich nach und nach. Loben Sie ihn, wenn er seine Aufgaben erledigt, und bleiben Sie im Konflikt, wenn er es nicht tut. Was seine schmutzige Wäsche betrifft, so könnten Sie ankündigen, dass Sie nur noch die Wäsche waschen, die er vorher entknotet hat. Auch so lernt er, soziale Verantwortung zu übernehmen. Allerdings müssten Sie es als Mutter dann auch aushalten, dass er eines Tages ohne saubere Socken und Unterhosen dasteht.

Fazit: *Jugendliche sollten lernen, Aufgaben für die Gemein-schaft zu übernehmen. Führen Sie Ihren Sohn sachte an Haus-haltspflichten heran.*

SOZIALE KOMPETENZ

Heranwachsende sollten soziale Kompetenz erlernen. Dar-unter versteht man Fähigkeiten, die für ein Gemeinschafts-leben notwendig sind, wie zum Beispiel: sich einfühlen, Rücksicht nehmen, Teamgeist entwickeln, vermittelnd auf-treten, Verantwortung für sich und andere übernehmen, Konflikte lösen – aber auch sich durchsetzen und sich weh-ren können. Wägen Sie gut ab: Ist Ihr Sohn ein Egozentriker, der lernen sollte, mehr Pflichten zu übernehmen? Oder ist er eher angepasst und braucht Unterstützung, sich zu be-haupten, durchzusetzen und Widerstand zu wagen?

84. Unser 17-jähriger Sohn sagt Omas Geburtstag wegen Bootstour ab

Meine Mutter will zu ihrem 70. Geburtstag ein großes Fest aus-richten. Unser Sohn (17) hat meiner Frau und mir eröffnet, nicht mitzukommen, weil er an diesem Wochenende mit seinen Freun-den eine Bootstour machen will. Ich weiß, dass meiner Mutter sein Fernbleiben sehr nahegehen wird, und finde, er müsste die Bootstour ausfallen lassen. Aber meine Frau sagt, er sei alt ge-nug, eine eigene Entscheidung zu treffen. Was meinen Sie?

Eine schwierige Situation ist das. Ich finde auch, Sie sollten sich bei einem 17-Jährigen nicht mehr vermittelnd einmischen, sondern es ihm und seiner Großmutter überlassen, wie sie den

Konflikt klären. Bei dem Fest geht es ja um ein Familienritual. Die Frage ist, ob Ihr Sohn noch dazugehören will oder ob ihm seine Freunde im Rahmen seines Ablösungsprozesses wichtiger sind. Auch wäre die Haltung der Großmutter zu hinterfragen. Legt sie Wert auf seine Anwesenheit, weil man grundsätzlich an 70-Jahres-Feiern teilzunehmen hat, oder will sie ihren Enkel wirklich persönlich dabeihaben?

Schlagen Sie Ihrem Sohn vor, dass er mit der Großmutter über sein Vorhaben sprechen soll. Lassen Sie die beiden selbst eine Lösung finden. Allerdings könnten Sie Ihrem Sohn bei seiner Entscheidung helfen und ihm beratend zur Seite stehen. Wenn er eher schüchtern ist und wenn es ihm schwerfällt, Freundschaften zu schließen, wäre es vielleicht ganz gut, er würde die Bootstour machen. Das Gleiche gilt, wenn er eigentlich ein hilfsbereiter und aufopfernder junger Mann ist, der sich mehr um andere als um sich selbst kümmert und dem ein Schuss Egoismus ganz guttun würde. Wenn Sie jedoch das Gefühl haben, Ihr Sohn sollte es im Sinne der sozialen Kompetenz lernen, auch mal ein Opfer zu bringen, sollten Sie das mit ihm thematisieren.

Fazit: *Lassen Sie Ihren Sohn und seine Großmutter das Problem selbst lösen, aber stehen Sie Ihrem Sohn beratend zur Seite.*

85. Müssen Jugendliche unbedingt Tischregeln einhalten?

Unser Sohn (16) hat unmögliche Tischmanieren. Er schaufelt sein Essen gedankenverloren in sich hinein, sitzt da wie ein nasser Lappen und schlürft und schmatzt. Ich rege mich jedes Mal darüber auf, aber mein Mann meint, ich solle lockerer sein. Es gebe Wichtigeres als Tischmanieren. Finden Sie das auch? Sollte man Jugendlichen nicht Benimmregeln beibringen?

Es tut Jugendlichen mit Sicherheit gut, sich beim Essen an eine gewisse Struktur zu halten. Auch wenn manche Tischsitten wie zum Beispiel das Sprechverbot oder das Halten des Brotes nur mit der linken Hand überholt sind, so haben doch die meisten Regeln einen Sinn. Sie zwingen uns dazu, unsere Mitmenschen wahrzunehmen und ihnen respektvoll zu begegnen. Es kann andere stören, wenn geschlürft, geschmatzt, gerülpst oder mit voll gestopftem Mund gesprochen wird. Es sollte eine Selbstverständlichkeit sein, dass Gäste bei Tisch begrüßt und zuerst bewirtet werden und dass Gläser nicht bis zum Rand gefüllt werden, um zu verhindern, dass der Inhalt auf dem Tisch landet. Ihr Sohn muss ja nicht sitzen, als habe er einen Stock verschluckt, aber seine schlaffe Körperhaltung drückt Abwesenheit, Desinteresse und vielleicht auch eine Form von pubertärem Protest aus. Er schaufelt sein Essen, das von Ihnen oder Ihrem Mann gekocht wurde, in sich hinein, ohne Würdigung dessen, was er auf dem Teller hat und welcher Arbeits- und Zeitaufwand dahintersteckt.

Viele Eltern tun sich schwer, Tischsitten einzufordern, weil sie in ihrer eigenen Kindheit in übertriebenem Maße damit gegängelt wurden. Sie wollen es anders machen als ihre Eltern und Großeltern und lassen ihre Kinder gewähren. Aber damit lassen sie sie auch allein. Durch Tischregeln lernen Jugendliche Achtsamkeit, Respekt und wie man sich außerhalb der Familie bei Tisch zu benehmen hat. Diskutieren Sie in Ihrer Familie, welche Regeln bei Ihnen gelten sollen. Fordern Sie Rücksicht für Ihre Befindlichkeiten ein, aber seien Sie auch zu Kompromissen bereit. Wichtig sind nicht so sehr die Regeln, die am

Ende dabei herauskommen, sondern entscheidend ist, dass Ihr Sohn für sein Verhalten und dessen Wirkung auf andere sensibilisiert wird.

Fazit: *Durch Tischregeln lernen wir Achtsamkeit und Respekt. Diskutieren Sie in Ihrer Familie, welche Manieren Sie zulassen und welche Sie verbieten wollen.*

86. Unser Sohn verliert den Respekt vor Erwachsenen

Unserem Sohn (15) mangelt es an Respekt. Gleich, ob er es mit Lehrern, seinem Trainer oder Freunden von uns zu tun hat, er hat eine große Klappe und weiß alles besser. Meiner Frau gefällt das. Sie sagt, der Junge würde sich später nicht die Butter vom Brot nehmen lassen. Ich finde dagegen, ein bisschen Respekt könnte nicht schaden.

Viele der heutigen Eltern und Großeltern sind in einer Zeit groß geworden, in der es gesellschaftlich akzeptiert war, dass Autoritäten wie Eltern und Lehrer ihre Macht durch das Erzeugen von Angst gefestigt haben. Es war an der Tagesordnung, einzuschüchtern, zu züchtigen und zu demütigen. Das hat bis heute zur Folge, dass der Begriff der Autorität mit Druck und Machtmissbrauch in Verbindung gebracht wird. Um zu verhindern, dass Kinder zu Duckmäusern werden, streben viele Eltern schon früh Gleichberechtigung und Gleichrangigkeit an. Sie wollen lieber Freund und Kumpel sein als ein autoritärer Papa oder eine autoritäre Mama und bewundern ihre Kinder dafür, dass sie sich wehren, dass sie den Mund aufmachen, dass sie keinen Respekt mehr haben. Das ist auch gut, solange es darum geht, sich Autoritäten zu widersetzen, die mit Angst operieren. Leider aber haben manche Jugendliche überhaupt keinen Respekt mehr, auch nicht vor Autoritäten, die einen Vorsprung an Wissen und Erfahrung mitbringen wie Lehrer, Trainer, Ausbilder oder Eltern.

Diese völlige Respektlosigkeit ist insofern bedenklich, als dass sie einen jugendlichen Narzissmus begünstigt, der eigentlich zugunsten einer stabilen pubertären Entwicklung in die Schranken gewiesen werden müsste. Narzissmus bedeutet im klassischen Sinne den Ausgleich (Kompensation) eines Gefühls der Schwäche, Minderwertigkeit und Angst durch Größenphantasien. Ein Junge, der sich in dem Glauben, der Stärkste zu sein, ständig mit seinen Lehrern anlegt, obwohl er sich eigentlich klein und hilflos fühlt und Angst hat, die Schule nicht zu schaffen, hat einen klassischen narzisstischen Konflikt. In der Pubertät sind narzisstische Konflikte an der Tagesordnung. Jugendliche überdecken Gefühle von Hilflosigkeit, Ohnmacht und Angst häufig mit vermeintlicher Stärke, Rebellion und Besserwisserei. Es ist unter anderem Aufgabe der Eltern, Jugendlichen aus diesem Dilemma herauszuhelfen, sie zu bestätigen, ihnen Mut zuzusprechen, aber auch, ihnen konstruktive Rückmeldungen über ihre Schwächen zu geben. Jugendliche haben den Narzissmus überwunden, wenn sie ihre Schwächen kennen, ohne sich schwach zu fühlen, wenn sie sich Niederlagen eingestehen können, ohne sich entwertet zu fühlen, wenn sie Autoritäten anerkennen können, ohne sich klein zu fühlen. Möglicherweise verbirgt sich hinter der Besserwisserei Ihres Sohnes eine große Unsicherheit, die Ihre Frau aufgrund ihrer Bewunderung für den Sohn nicht erkennt. Autoritär zu sein ist anstrengend, weil man immer auch Gefahr läuft, zu scheitern, schwach zu werden, sich lächerlich zu machen. Ich kann Sie nur ermuntern: Fordern Sie Respekt und wagen Sie Autorität in einem modernen Sinne, indem Sie nicht einschüchtern, sondern den Weg weisen! So vermitteln Sie Ihrem Sohn Orientierung und Halt.

Fazit: *Selbstbehauptung und eine große Klappe sind genauso wichtig wie Respekt. Nur so lernt Ihr Sohn, seinen jugendlichen Narzissmus in den Griff zu bekommen.*

COMPUTER UND CO.

87. Sollen wir die Computerzeiten unseres Sohnes begrenzen?

Unser Sohn (15) sitzt häufig bis tief in die Nacht vor dem Rechner. Angeblich chattet er mit seinen Freunden oder recherchiert für die Schule. Wir finden das bedenklich. Sollen wir die Zeiten begrenzen?

Unbedingt, und nicht nur das: Sie sollten vor allem auch mit Ihrem Sohn besprechen, was er die ganze Zeit vor dem Rechner macht! Stimmt es, dass er für die Schule recherchiert? Oder verbringt er die meiste Zeit in sozialen Netzwerken (Social Networks) wie Facebook, MySpace und Twitter? Oder spielt er Computerspiele? Wenn Sie den Eindruck haben, Ihr Sohn würde übermäßig viel Zeit vor dem Computer verbringen, sollten sie regulierend einschreiten. Eltern, die glauben, die Computernutzung würde sich schon von alleine normalisieren, irren. Insbesondere Pubertierende brauchen eine Strukturierung von außen, weil sie sich sonst im PC-Konsum verlieren. Abhängigkeitsgefahr besteht vor allem bei Computerspielen. Was den Aufenthalt in sozialen Netzwerken betrifft, so kommen Jugendliche häufig mit dem Argument, dies sei wie Telefonieren auch nur eine Form der Kommunikation. Das ist zwar richtig, aber dennoch: Auch in sozialen Netzwerken besteht die Gefahr eines Kontrollverlustes. Deshalb ist eine zeitliche Struktur wichtig.

Haben Sie keine Scheu, der Computernutzung Ihres Sohnes

Grenzen zu setzen. Ich höre oft von Jugendlichen, dass sie ambivalent auf die elterlichen Einschränkungen reagieren; dass es sie wütend macht, weil sie sich nichts mehr vorschreiben lassen wollen, aber dass sie es auch als Unterstützung erleben. Vereinbaren Sie feste Computerzeiten. Eine Alternative zu täglichen PC-Zeiten wären wöchentliche Kontingente. Dies hätte den Vorteil, dass Ihr Sohn lernen würde, seine Zeiten selbst einzuteilen und zu kontrollieren. Und nächtliches Spielen, Surfen und Chatten sollten tabu sein.

Fazit: *Helfen Sie Ihrem Sohn, den Umgang mit seinem Computer zu strukturieren, indem Sie mit ihm feste Zeiten vereinbaren.*

VORSICHT FLUCHTGEFAHR

Pubertierende sind aus unterschiedlichen Gründen gefährdet, die Kontrolle über ihre PC-Nutzung zu verlieren:

- **Stichwort Vermeidung**

  Das reale Leben fordert eine Menge von Jugendlichen: Sie müssen die Schule schaffen, in Liebesbeziehungen klarkommen, Freundschaften suchen und pflegen, sich mit den Eltern arrangieren und Eigenverantwortung lernen. Es ist nicht leicht, sich eine männliche Identität aufzubauen. Der Computer verführt zur Flucht. Jugendliche, die viel Zeit vor dem Computer vertrödeln, erschaffen sich eine Traumwelt, in der sie Held sein, Beziehungen leben, Niederlagen kompensieren können. So vermeiden sie die Auseinandersetzung mit den Entwicklungsaufgaben ihrer Pubertät!

- **Stichwort Gehirnumbau**

  Die hirnorganischen Veränderungen in der Pubertät verursachen allerhand Chaos, sodass Jugendliche das Ausmaß ihrer Computernutzung nicht richtig einschätzen können. Sie merken nicht, wann es zu viel wird, gehen völlig in ihrer Online-Welt auf und vergessen, dass es noch ein Leben diesseits des Rechners gibt. Außerdem ist das Gehirn noch im Umstrukturierungsprozess begriffen und auf Herausforderungen angewiesen. Wenn ein Jugendlicher die meiste Zeit mit Computerspielen vertrödelt, bekommt das Gehirn zu wenig hochwertige Reize, um sich angemessen strukturieren zu können. Zu viel Computerspiele hemmen die hirnorganische Entwicklung.

- **Stichwort Zeitgefühl**
Wenn man in ein Computerspiel oder einen Chat vertieft ist, kann sich eine Stunde wie fünf Minuten anfühlen. Die Zeit rauscht an einem vorbei. Es ist für Erwachsene oft schon schwer genug, sich am Rechner ein Zeitgefühl zu bewahren – Jugendliche sind damit schlichtweg überfordert.

88. Unser Sohn ist ein Computerfreak!

Unser 16-jähriger Sohn ist ein regelrechter Computerfreak. Er baut Internetseiten für Freunde oder probiert allerhand technischen Schnickschnack aus. Meiner Frau und mir versucht er ständig nahezubringen, was man mit einem Computer alles machen kann, aber wir verstehen kaum etwas davon. Wir teilen die Sorge vieler Eltern, dass er zu viel Zeit damit vertrödelt. An Vereinbarungen, den Computer nur eine begrenzte Zeit am Tag zu benutzen, hält er sich nicht. Wie können wir ihn dazu bringen, die Computerzeiten einzuschränken?

Die Frage ist, ob Ihr Sohn seine Zeit vor dem Computer tatsächlich vertrödelt. Wenn ich Sie richtig verstehe, nutzt er seinen

Rechner, um sein technisches Können weiterzuentwickeln. Er versucht sogar, Ihnen sein Wissen näherzubringen, stößt aber auf wenig Interesse und Verständnis Ihrerseits. Möglicherweise erreichen Sie sich nicht, weil der Umgang mit Computern auch eine Generationenfrage ist. Jugendliche wachsen heutzutage ganz selbstverständlich mit Computern auf und sind ihren Eltern in technischer Hinsicht oft um Längen voraus. Allein die Nutzung von sozialen Netzwerken ist für Jugendliche alltäglich, während Eltern dem oft wenig abgewinnen können.

Ich habe an einer Weiterbildung mit dreißig Teilnehmern im Alter zwischen 35 und 55 Jahren teilgenommen. Bei der Frage, ob sich irgendjemand mit Facebook auskenne, schnellte kein einziger Arm nach oben. Eltern ist es oft unheimlich, dass sie es nicht mehr verstehen können und unter Kontrolle haben, was ihre Kinder am Computer machen. Sie bekommen nur mit, dass viel Zeit am Computer verbracht wird, differenzieren aber nicht mehr zwischen den einzelnen Nutzungsmöglichkeiten.

Eignen Sie sich so viel technisches Know-how wie möglich an, damit Sie mitsprechen und sich einen Überblick darüber verschaffen können, wofür Jugendliche den Computer nutzen. Nehmen Sie das Angebot Ihres Sohnes an und lassen Sie sich zeigen, was er technisch alles an seinem Computer bewerkstelligen kann. Entscheiden Sie dann, ob es notwendig ist, seine Computerzeiten einzugrenzen oder ob seine Computernutzung ein kreativer Prozess ist, den es zu fördern gilt. Wenn Ihr Sohn jetzt schon Webseiten erstellt – wer weiß, vielleicht entwickelt er sich ja beruflich in dieser Richtung weiter.

Fazit: *Lassen Sie sich von Ihrem Sohn erklären, wie er den Computer nutzt, und entscheiden Sie dann, ob eine zeitliche Begrenzung sinnvoll ist.*

89. Sollen Computerzeiten in den Ferien ausgeweitet werden?

Wir haben mit unserem Sohn (14) feste PC-Zeiten ausgemacht. Nun sind Ferien, und er verlangt, dass wir die Zeiten entsprechend verlängern. Ich finde aber, er sollte die freie Zeit lieber draußen und mit seinen Freunden verbringen, als ständig vor dem Computer zu hocken. Sehen wir das falsch?

Nein, grundsätzlich sehen Sie das richtig. Eltern sollten darauf achten, dass das Freizeitverhalten und die sozialen Kontakte ihrer Kinder nicht unter der Computernutzung leiden. Dennoch sollten Sie für die Ferien eine Sonderregelung vereinbaren, die den Wünschen Ihres Sohnes entgegenkommt. Was spricht dagegen, dass er in den Ferien länger am Computer sitzen darf?

Sie könnten die Ferien auch dazu nutzen, verstärkt Zeit mit Ihrem Sohn zu verbringen. Brettspiele, Freizeitpark- oder Schwimmbesuche, Leseabende – zeigen Sie Ihrem Sohn, dass es durchaus Alternativen zum Computer gibt. Lassen Sie sich nicht einschüchtern, wenn Ihr Sohn anfangs mit Unlust auf Ihre Vorschläge reagiert. Bleiben Sie konsequent. 14-Jährige sind noch offen für gemeinsame Unternehmungen mit den Eltern. Auch könnten Sie ihn in ein Ferienlager oder Sommercamp schicken, wo er die Möglichkeit hat, seine sozialen Kompetenzen zu erweitern. Jugendliche brauchen eine klare elterliche Haltung, die der Verlockung von Computerspielen und sozialen Netzwerken etwas entgegensetzt.

Fazit: *Erlauben Sie Ihrem Sohn, in den Ferien mehr Zeit am Computer zu verbringen. Aber zeigen Sie ihm durch gemeinsame Unternehmungen auch auf, welche Alternativen es zum Computer gibt.*

Übrigens: *Kontrollverlust droht nicht nur am Computer – auch das Fernsehen verführt zum Dahindösen. Deshalb sollten Jugendliche ihren Fernsehkonsum strukturieren. Überlegen Sie sich, ob Sie Ihrem Sohn in Ihrem eigenen Fernsehverhalten ein Vorbild sein könnten.*

90. Ist unser Sohn computersüchtig?

Wir haben den dringenden Verdacht, dass unser 16-Jähriger computersüchtig ist. Es vergeht kein Tag, an dem er nicht stundenlang vor seinem Rechner sitzt und spielt. Wenn er sich dabei gestört fühlt, wird er total aggressiv. Freunde hat er so gut wie keine mehr. Neulich sagte er, er fühle eine große Leere, wenn er den Computer ausschalte. Wir sind völlig verzweifelt! Sind das schon Symptome für eine Sucht? Und was können wir tun?

Ich fürchte, Ihre Verzweiflung ist berechtigt. Die Dauer, die Ihr Sohn vor seinem Rechner verbringt, aber auch seine Aggressivität und seine Einsamkeit sind ernst zu nehmende Symptome einer Abhängigkeit. Bedenklich finde ich vor allem seine Äußerung, er verspüre beim Ausschalten des Computers eine große Leere. Das klingt fast wie eine Depression beim Nachlassen einer Drogenwirkung.

Neben den von Ihnen genannten Anzeichen gibt es eine Reihe weiterer Verhaltensweisen, die auf eine Online- oder Computersucht hindeuten können:

- Anstehende Aufgaben werden nicht mehr erledigt, weil man sich nicht vom PC lösen kann,
- Kontrollverlust, Verschiebung des Tag-Nacht-Zyklus,
- Müdigkeit und Lustlosigkeit,

- Schlafstörungen,
- Entzugserscheinungen wie Nervosität, Reizbarkeit,
- Desinteresse für Sport und Hobbys,
- keine gemeinsamen Mahlzeiten, gegessen wird nur noch am Computer,
- der Jugendliche schwänzt die Schule, ist häufig krank, die schulischen Leistungen nehmen ab,
- die Hygiene lässt nach,
- das Zimmer verwahrlost,
- Eltern finden keinen Zugang mehr zu ihrem Kind.

Gefährdet sind vor allem Kinder und Jugendliche mit geringem Selbstwertgefühl und solche, die unter Schüchternheit und Einsamkeit leiden und nur schwer Anschluss finden. Viele tauchen in eine virtuelle Welt ein, weil sie dort Bedürfnisse nach Anerkennung, Macht, Respekt und Erfolg zu befriedigen versuchen, während sie zugleich ihre Unsicherheiten und Ängste aus dem realen Leben verdrängen können. In Computerspielen ist man der perfekte Kämpfer – in der Klasse leider nur das perfekte graue Mäuschen. Für Jugendliche mit einer narzisstischen Problematik sind Computerspiele eine große Verführung, der eigenen Ohnmacht zu entfliehen.

Ermutigen Sie Ihren Sohn, sich professionelle Unterstützung zu suchen. Die Möglichkeiten reichen von Selbsthilfegruppen, ambulanter Beratung und Psychotherapie bis hin zu Suchtkliniken, von denen sich die meisten inzwischen auch auf Computersucht spezialisiert haben. Aber auch Sie als Eltern sollten Hilfe in Anspruch nehmen. Lassen Sie sich persönlich beraten, wie Sie am besten mit dem Verhalten Ihres Sohnes umgehen sollten.

Fazit: *Ihr Sohn zeigt ernst zu nehmende Symptome einer Sucht. Holen Sie sich professionelle Unterstützung.*

COMPUTERSPIELE – FASZINIEREND UND HEIMTÜCKISCH

Ziel von Spielen ist es, immer höhere Level (Ebenen) zu erreichen. Die ersten Level bewältigt man relativ leicht und in relativ kurzer Zeit, sodass man gleich zu Beginn Erfolgserlebnisse hat. Dabei wird im Gehirn Dopamin ausgeschüttet, das die Freisetzung endogener Opiate stimuliert. Die Spieler erleben einen regelrechten Rausch. Nun werden die Level im Spielverlauf jedoch immer schwieriger, sodass man immer mehr Zeit benötigt, um weiterzukommen – und den nächsten Kick zu bekommen. Typische Computerspiele sind:

- **Ego-Shooter:** Die Spieler agieren aus einer Ich-Perspektive in einer dreidimensionalen Welt. Ziel ist es, Gegner mit Schusswaffen zu eliminieren.

- **Abenteuerspiele** (Adventure-Games): Kommunikationsspiel, bei dem Rätsel gelöst werden müssen.

- **Rollenspiele:** Der Spieler erschafft sich einen künstlichen Charakter (Avatar), mit dem er sich stark identifiziert, und lässt ihn in einer ausgedachten Welt agieren. *Massive Multiplayer Online Role-Playing Games* (MMORPG) sind Mehrspieler-Rollenspiele, die nur über das Internet spielbar sind und bei denen mehrere tausend Spieler eine virtuelle Welt bevölkern. Das zurzeit bekannteste ist World of Warcraft (WoW).

- **Strategiespiele:** Mit Hilfe von Taktik und Strategie müssen Städte und Armeen aufgebaut und Feinde besiegt werden.

Häufig wird online und in Gruppen gespielt. Der Nachteil dabei: Wenn man aufhört, können andere Spieler der eigenen Figur etwas wegnehmen. Oder die Gruppe, zu der man gehört, kann eine Aufgabe nicht lösen, weil dazu die Anwesenheit aller Mitspieler erforderlich ist.

91. Ist Gewalt in Computerspielen schädlich?

Mit Entsetzen habe ich festgestellt, wie viel Gewalt die Computerspiele meines Sohnes (15) beinhalten. Welche Auswirkungen kann das auf meinen Sohn haben? Kann er selbst dabei gewalttätig und aggressiv werden?

Das ist eine viel diskutierte Frage. In Gewalt- oder Kriegsspielen geht es in erster Linie darum, möglichst lange am Leben zu bleiben. Dazu müssen Gegner vernichtet werden. Je schneller das geschieht und je mehr getötet wird, desto höher ist die Punktzahl. Dabei werden brutalste Kampftechniken eingesetzt. Es kommen Panzer, Hubschrauber und jede erdenkliche Form von Waffen zum Einsatz, die nicht zimperlich mit den Gegnern umgehen. Es ist ein regelrechtes Abschlachten nach Punkten. Ob und wieweit ein Zusammenhang zwischen Gewaltkonsum am Computer und der realen Ausübung von Gewalt besteht, ist bis heute nicht erwiesen. Man kann sich aber gut ausmalen, dass Gewaltspiele Jugendliche nicht zur gewaltfreien Lösung von Konflikten erziehen. Die zentrale Botschaft solcher Spiele lautet ja: Wenn du überleben willst, musst du töten. Und je schneller und brutaler du tötest, desto weiter kommst du. Implizit wird Jugendlichen vermittelt, dass friedliche Konfliktlösungen wirkungslos und ein Zeichen von Schwäche sind. Gerade Jungen, die dazu neigen, sich mit ihrer körperlichen Kraft statt mit Worten zu verteidigen, können besonders empfänglich für solche Botschaften sein. Fachleute befürchten zu Recht, dass häufiges Spielen zur Abstumpfung von Gewalt führt und die Hemmschwelle für eigene aggressive Handlungen senkt. Allerdings sollten Eltern nicht überreagieren. Die Frage ist, ob Sie den Eindruck haben, die Spiele schadeten Ihrem Sohn. Wie geht er real mit Konflikten um? Hat er einen Freundeskreis, mit dem er sich auseinandersetzen kann und in dem er Sozialverhalten lernt? Gefährdet sind vor allem Jugendliche, die unter aufgestauten Aggressionen, Isolation, sozialer Verwahrlosung und einem geringen Selbstwertgefühl leiden.

Sprechen Sie mit Ihrem Sohn darüber, was Sie an der Gewalt in seinen Computerspielen beunruhigt. Machen Sie ihm bewusst, wie in solchen Spielen mit Konflikten umgegangen wird. Vielleicht gelingt es Ihnen, Ihren Sohn insgesamt mehr für das Thema Gewalt zu sensibilisieren. Auch sollten Sie die USK-Altersfreigabe (Unterhaltungssoftware Selbstkontrolle) der Spiele Ihres Sohnes prüfen. Einige Spiele sind erst ab 16 oder 18 erlaubt, und daran sollte sich Ihr Sohn auch halten. Wenn Sie den Eindruck haben, dass Ihr Sohn sich in Streitfällen und Auseinandersetzungen schlecht behaupten kann, kommen Sie auch darüber mit ihm ins Gespräch. Je konfliktfähiger er wird, desto weniger Einfluss haben seine Computerspiele.

Fazit: *Ein Zusammenhang zwischen dem Konsum von Gewalt-Computerspielen und ausgeübter Gewalt in der Realität ist nicht erwiesen. Aber: Sensibilisieren Sie Ihren Sohn für den fragwürdigen Umgang mit Konflikten in seinen Spielen.*

92. Darf mein Sohn nicht freigegebene Horrorfilme schon mit 16 sehen?

Mein 16-jähriger Sohn und sein gleichaltriger Freund sehen sich manchmal Horrorfilme an, die erst ab 18 freigegeben sind. Entsetzt über die Brutalität und Grausamkeit dieser Filme, habe ich einen Riegel davorgeschoben und ihm solche Filme verboten. Natürlich akzeptiert er das nicht und beschimpft mich, ich würde ihn wie einen Säugling behandeln. Da ich ihn mit fast 17 nicht andauernd kontrollieren kann, frage ich mich, ob ein Verbot überhaupt sinnvoll ist.

Ich finde es gut, dass Sie das Verbot ausgesprochen haben. Auch wenn sich Ihr Sohn seine Horrorfilme in Zukunft heimlich ansieht: Sie haben ihm eine Grenze gesetzt und zu einem wichtigen Thema deutlich Stellung bezogen. Nun muss er sehen, wie er damit umgeht. Aus Sicht Ihres Sohnes ist es völlig nachvollziehbar, dass er sich Horrorfilme ansieht. Neben dem Reiz, den Horrorfilme ausüben, geht es für Jugendliche vor allem darum, Verbotsgrenzen zu überschreiten, etwas zu tun, dass Erwachsene auch tun dürfen, und auszutesten, was man auszuhalten in der Lage ist. Ich erlebe es häufig, dass Eltern die Altersfreigabe auf die leichte Schulter nehmen, «locker» sein wollen und beide Augen zudrücken, wenn Heranwachsende sich für ihr Alter nicht freigegebene Horrorfilme ansehen. Aber damit lassen sie Jugendliche allein. Horrorfilme sind oft extrem grausam, und nicht umsonst sind bestimmte Filme für Jugendliche verboten. Die Frage ist, was diese Grausamkeit mit Kindern und Jugendlichen macht. Wie ich es an anderer Stelle bereits ausgeführt habe, neigen Jungen dazu, ihre durch Gewaltfilme ausgelösten Gefühle von Entsetzen und Angst nicht ernst zu nehmen oder zu verdrängen. Sie fürchten, vor anderen

Jungen als uncool dazustehen oder aus der Gruppe auszuscheren, wenn sie zugeben würden, was solche Filme bei ihnen bewirken. Den Eltern vertrauen sie sich nicht an, weil sie Verbot oder Bestrafung fürchten.

Daher ist es wichtig, dass Sie nicht nur ein Verbot aussprechen, sondern dass Sie mit Ihrem Sohn über Horrorfilme im Gespräch bleiben. Tauschen Sie sich mit ihm darüber aus, was solche Filme beim Zuschauer auslösen können und welche Möglichkeiten es gibt, das Erlebte zu verarbeiten.

Fazit: *Es ist sinnvoll, dass Sie Ihrem Sohn Horrorfilme verboten haben. Darüber hinaus sollten Sie mit ihm besprechen, was solche Filme mit ihm machen.*

93. Welche Gefahren lauern im Internet?

Mein 11-jähriger Sohn möchte unbedingt einen eigenen Computer mit Internetanschluss. Ich bin skeptisch und finde, dass er dafür noch zu jung ist. Können Sie mir sagen, auf welche Internetgefahren ich gefasst sein muss?

Ein 11-Jähriger ist alt genug, um mit dem Internet vertraut gemacht zu werden. Fachleute empfehlen eine begrenzte und von den Eltern kontrollierte Internetbenutzung bereits ab dem Vorschulalter. Durch das Internet erwerben Kinder Medienkompetenz – sie lernen, vernetzt zu denken und sinnvoll mit den Inhalten umzugehen. Spätestens in der Pubertät sollte Ihr Sohn mit dem Internet vertraut sein, damit er den Anschluss nicht verpasst, bei Mitschülern mitreden kann und sich nicht außen vor fühlt. Aber Sie haben natürlich recht: Im Internet lauern Gefahren, die Sie kennen sollten. Dazu gehören:

- Seiten mit pornographischen Inhalten. Da man hierfür meistens geschützte Bereiche anklicken muss, können Kinder nicht so leicht an solche Inhalte gelangen. Dennoch: Wo ein Wille ist, ist auch ein Klick. Vereinbaren Sie ausdrücklich mit Ihrem Sohn, dass er pornographische Seiten nicht besuchen soll.
- Seiten mit gewalttätigen Inhalten. Es handelt sich um sexuelle Gewalt, aber auch um reale Hinrichtungen und Folter. Die entsprechenden Webadressen sind leicht anzuklicken und kursieren auf Schulhöfen. Klären Sie Ihren Sohn über die Existenz solcher Seiten auf.
- Chats, die von niemandem moderiert werden (unmoderierte Chats). Hier besteht die Gefahr, dass Kinder und Jugendliche sexuell belästigt oder mit sexuell gefärbter Sprache konfrontiert werden. Am besten soll Ihr Sohn nur moderierte Chats besuchen.
- Preisgabe von persönlichen Daten zum Beispiel bei Gewinnspielen. Das kann eine Flut von Spam-Mails zur Folge haben. Gefährlich sind Datenpreisgaben auch in Chats, wo Pädophile gezielt nach Kindern und Jugendlichen suchen, um sich mit ihnen zu treffen. Bevor Ihr Sohn seine Daten angibt, soll er dies mit Ihnen besprechen. Machen Sie ihm klar, dass er nur mit einem Spitznamen (Nickname) im Netz operieren soll, und besorgen Sie ihm eine zweite E-Mail-Adresse, die er verwenden kann.
- Abzocke. Manche Anbieter versuchen, Kindern und Jugendlichen Verträge unterzuschieben, die man nur im «Kleingedruckten» findet. Wenn sich Ihr Sohn einen Klingelton o. ä. herunterladen will, sollte er Ihnen die entsprechende Seite vorher zeigen.
- Computersucht.

- Mobbing, auch Cyber-Mobbing oder E-Mobbing genannt, wenn Kinder und Jugendliche in Foren und Chats Opfer von Diskriminierungen und üblen Nachreden werden oder wenn sie selbst als Täter auftreten. Cyber-Mobbing kann so weit gehen, dass Kinder und Jugendliche verfolgt und körperlich angegriffen werden. Hierbei handelt es sich um eine ernst zu nehmende Gefahr, die von Lehrern und Eltern oft unterschätzt wird.

Vereinbaren Sie mit Ihrem Sohn klare Regeln, wie Ihr Sohn sich im Internet zu verhalten hat.

Fazit: *Ein 11-Jähriger ist alt genug, um mit dem Internet vertraut gemacht zu werden. Vereinbaren Sie klare Verhaltensregeln.*

Tipp: *Mit Hilfe von Kindersicherungs- oder Jugendschutzprogrammen können Sie unter anderem Sperrzeiten für den Computer, die Art von Computerspielen, die Sie Ihrem Sohn erlauben wollen, und die Internetnutzung festlegen. Was viele Eltern nicht wissen: Das Betriebssystem Ihres Computer verfügt bereits über eine Kindersicherung. Legen Sie für jedes Kind ein eigenes Benutzerkonto an und aktivieren Sie in den Kontoeinstellungen die Kindersicherung. Besprechen Sie die Maßnahme zuvor mit Ihrem Sohn.*

DROGEN, ALKOHOL UND ZIGARETTEN

94. Wie können wir verhindern, dass unser 13-Jähriger raucht?

Unser 13-Jähriger riecht manchmal nach Rauch, wenn er mit seinen Freunden unterwegs war. Er behauptet, es seien die Älteren in der Clique, die rauchen würden, er habe «nur mal» gezogen. Wie können wir verhindern, dass er jetzt schon mit dem Rauchen anfängt? Dummerweise sind meine Frau und ich auch Raucher.

Zugegeben: Es ist nicht gerade toll, wenn Eltern rauchen. Nicht nur, dass Sie Ihrem Sohn ein negatives Vorbild sind – Sie schwächen sich auch in Ihrer Argumentation. Ihr Sohn wird Ihnen ständig Ihre eigene Sucht entgegenhalten. Doch Sie sollten sich davon nicht in die Defensive drängen lassen! Mit 13 ist Ihr Sohn entschieden zu jung, um mit dem Rauchen anzufangen. Sprechen Sie mit ihm über die Gefahren des Rauchens. Erzählen Sie ihm von Ihren eigenen Suchterfahrungen, wie verführerisch die erste Zigarette war und wie schwer es ist, davon loszukommen. Vielleicht sollten Sie sein Rauchen zum Anlass nehmen, Ihren eigenen Tabakkonsum einzuschränken. Sinnvoll wäre, die Tagesmenge zu reduzieren, nicht mehr in Gegenwart Ihres Sohnes zu rauchen oder womöglich sogar völlig auf Zigaretten zu verzichten. Dadurch würden Sie an Glaubwürdigkeit gewinnen und Ihrem Sohn zugleich Stärke und Entschlossenheit vorleben.

Jugendliche fangen mit dem Rauchen an, weil sie

- erwachsen, autonom und cool sein wollen,
- protestieren und rebellieren wollen,
- Anerkennung bei ihren Freunden suchen,
- in der Partnerschaft imponieren oder sich der Partnerin/ dem Partner anpassen wollen,
- sich dem Gruppendruck beugen,
- abnehmen oder schlank bleiben wollen,
- sich langweilen,
- glauben, sich mit Zigaretten besser konzentrieren zu können,
- den Leistungsanforderungen der Schule nicht gewachsen sind.

Finden Sie gemeinsam mit Ihrem Sohn heraus, was ihn zum Rauchen bewegt, und suchen Sie nach Möglichkeiten, wie er damit wieder aufhören könnte. Verbote helfen in der Regel wenig. Sie können Ihren Sohn nicht den ganzen Tag beaufsichtigen; außerdem schaffen Sie so die Voraussetzungen, hintergangen zu werden. Sorgen Sie stattdessen für Anreize, die Ihrem Sohn ein Aufhören erleichtern. Zum Beispiel könnten Sie einen «Nichtrauchervertrag» mit ihm vereinbaren, in dem festgehalten wird, dass Sie ihm nach einer Probezeit des Nichtrauchens einen Herzenswunsch erfüllen. Manchmal tut's schon ein Kinogutschein. Sie könnten auch ein Sparschwein aufstellen, in das hin und wieder Geld für nicht gerauchte Zigaretten getan wird und das nach einer vereinbarten Zeit geschlachtet wird.

Fazit: *Schränken Sie den eigenen Zigarettenkonsum ein und kommen Sie mit Ihrem Sohn über die Gründe seines Rauchens ins Gespräch.*

95. Unser Sohn kifft – was sollen wir tun?

Wir haben unseren 16-jährigen Sohn schon häufiger beim Cannabisrauchen erwischt. Er verspricht uns jedes Mal, damit aufzuhören, raucht aber dann doch wieder. Er lungert die meiste Zeit verträumt in seinem Zimmer herum und tut nichts mehr für die Schule. Kann es sein, dass er süchtig ist, und was können wir tun?

Ich kann schlecht beurteilen, ob Ihr Sohn bereits abhängig ist, aber Ihre Sorgen sind berechtigt. Das Verträumte und die Antriebslosigkeit in Verbindung mit dem Cannabiskonsum wecken den Verdacht, dass Ihr Sohn Probleme hat. Für Außenstehende ist es oft schwierig, eine Cannabissucht zu erkennen, weil es keine sicheren Anzeichen gibt. Anders als bei Heroin oder Alkohol entwickeln Konsumenten vor allem eine psychische und weniger eine körperliche Abhängigkeit. Ein Warnsignal ist es, wenn jemand erfolglos versucht, den Konsum einzuschränken oder zu beenden, oder wenn bei Entzug Zustände von innerer Unruhe, Nervosität, Angst, Gereiztheit und Depressionen auftreten. Ein Jugendlicher, der alleine und regelmäßig konsumiert, ist mehr gefährdet als jemand mit gelegentlichem Konsum in der Clique oder bei Partys. Manchmal zeigen sich körperliche Entzugssymptome wie Schlafstörungen, Kopfschmerzen, Appetitlosigkeit und Durchfall. Aber wie gesagt, da Cannabis vor allem psychisch abhängig macht, bleiben solche Anzeichen häufig verdeckt.

Warum jemand süchtig wird, ist bis heute nicht geklärt, aber Fakt ist: In der Pubertät besteht immer auch erhöhte «Fluchtgefahr». Wenn Jugendliche mit dem Leben nicht klarkommen, wenn sie keine Kontakte finden, Zukunftsängste haben oder unter Insuffizienzgefühlen leiden, ist die Verführung, in einen veränderten Bewusstseinszustand zu fliehen, recht groß. Die Frage ist, welche Probleme Ihren Sohn beschäftigen: Meidet er die Schule, weil er mit dem Lernstoff überfordert ist, sieht er keine Perspektiven für sich, gibt es Konflikte mit den Mitschülern, hat er Liebeskummer, sehnt er sich nach einer Partnerschaft? Oder plagen ihn eher grundsätzliche Probleme wie Ängste oder Depressionen? Finden Sie gemeinsam mit Ihrem Sohn heraus, welche Schwierigkeiten sich hinter seinem Cannabiskonsum verbergen. Beachten Sie dabei Folgendes:

- Bieten Sie sich an, aber drängen Sie sich nicht auf. Zeigen Sie Ihrem Sohn, dass Sie für ihn da sind, aber respektieren Sie es auch, wenn er sich aus Ablösungsgründen nicht öffnen will. Vielleicht könnte er mit jemand anderem aus Ihrem Umfeld sprechen.
- Haben Sie Verständnis für die depressive Stimmung Ihres Sohnes, auch wenn es schwerfällt.
- Problematisieren Sie seinen Cannabiskonsum weiterhin. Jugendliche brauchen eine Regulierung von außen.
- Schlagen Sie ihm professionelle Hilfe vor.

Es ist ein positives Zeichen, dass Ihr Sohn Ihnen verspricht, mit dem Cannabisrauchen aufzuhören, auch wenn er es zurzeit nicht schafft. Er zeigt damit, dass er ein Problembewusstsein hat. Darauf sollten Sie aufbauen.

Fazit: *Problematisieren Sie den Cannabiskonsum Ihres Sohnes und versuchen Sie, die dahinterliegenden Sorgen und Nöte herauszufinden.*

DROGEN-CHARTS

An der Universität Bristol wurden Drogen auf ihre Gefährlichkeit hinsichtlich Sucheffekt, Kurz- und Langzeitfolgen sowie soziale Schäden wissenschaftlich untersucht (2007). Herausgekommen ist eine Rangliste der gefährlichsten Drogen. Auf den Plätzen eins bis vier landeten erwartungsgemäß **Heroin, Kokain, Barbiturate** (Schlafmittel) und der Heroin-Ersatzstoff **Methadon**. Bemerkenswert war, dass sich **Alkohol** auf Rang fünf und **Tabak** auf Rang neun platzierten. Das wirft die Frage auf, wie man Jugendliche für die Gefährlichkeit von Drogen sensibilisieren soll, wenn die Gesellschaft bedenkenlos zwei der gefährlichsten Drogen konsumiert? **Cannabis** wurde – entgegen der Meinung vieler Kiffer – mit Platz elf als recht gefährlich eingestuft. Die Sucheffahr ist extrem hoch, und es können psychische Störungen bis hin zu Psychosen ausgelöst werden. Auf Platz zwölf landeten **Lösungsmittel**, die extrem giftig sind und das Herz schädigen. Jugendliche Konsumenten ersticken häufig, weil sie sich zur Einnahme eine Plastiktüte über den Kopf ziehen. Mit Platz 18 kam **Ecstasy** relativ ungeschoren davon. Grund: Nicht die Droge selbst ist gefährlich, sondern die Dehydrierung (Wassermangel), die durch die Einnahme entsteht. Allerdings kennt man die langfristigen Folgen des Ecstasy-Konsums für das Gehirn noch nicht.

96. Sollen wir unseren 14-Jährigen allmählich an Alkohol gewöhnen?

Unser 14-jähriger Sohn trinkt Alkohol, wenn er mit seinen Freunden zusammen ist. Wir haben es ihm schon mehrere Male verboten, aber er tut es trotzdem. Er ist ohnehin ein schwieriges Kind, das sich nichts sagen lässt. Nun fragen wir uns, ob es sinnvoll wäre, ihn zu Hause langsam an Alkohol heranzuführen, damit er es draußen nicht tun muss?

Nein, das halte ich für keine gute Lösung. Kinder und Jugendliche, die zwischen dem 10. und 14. Lebensjahr zu trinken beginnen, sind hinsichtlich Sucht und körperlicher Folgeschäden besonders gefährdet. Insofern ist es wichtig, dass Sie als Eltern eine klare Haltung gegen Alkohol vertreten – auch wenn sich Ihr Sohn nichts sagen lassen will. Meistens wird die Meinung der Eltern doch gespeichert.

Jugendliche trinken nicht nur, um sich zu berauschen oder zu enthemmen. Alkohol dient vor allem dem Zweck, sich gesellschaftlichen Regeln zu widersetzen und sich die Rituale Erwachsener anzueignen. Wahrscheinlich fällt es Ihrem Sohn schwer, auszuhalten, dass er noch ein Kind ist und dass für ihn andere Regeln gelten als für Erwachsene. Er sollte akzeptieren, dass seine Eltern ihm etwas zu sagen haben und dass es für Alkoholkonsum bestimmte Altersgrenzen gibt, die er noch nicht überschritten hat. Der Gesetzgeber sieht ein langsames Herantasten vor. In Gaststätten dürfen Jugendliche ab 14 Jahren Bier, Wein und Sekt zu sich nehmen, aber nur, wenn mindestens ein Elternteil dabei ist. Da Ihr Sohn ohnehin schon mit Alkohol in Kontakt gekommen ist, sollten Sie sich gut überlegen, ob Sie ihm diese Möglichkeit eröffnen wollen. Mit 16 Jahren dürfen Jugendliche auch ohne Beisein der Eltern Bier, Wein und Sekt in Gaststätten konsumieren. Erst mit 18 Jahren darf Hochprozentiges verzehrt werden. Machen Sie Ihrem Sohn klar, wie schädlich Alkohol ist, und bleiben Sie bei Ihrem Verbot, auch auf die Gefahr hin, dass er sich nicht daran hält. Versuchen Sie, nicht moralisch zu argumentieren, sondern betonen Sie Ihre Sorge und Ihre Fürsorgepflicht. Gehen Sie selbst sparsam und kontrolliert mit Alkohol um, denn bei einem 14-Jährigen haben Sie noch weitgehend eine Vorbildfunktion. Vielleicht sollten Sie das Verhalten Ihres Sohnes zum Anlass nehmen, für eine Zeitlang zu Hause ganz auf Alkohol zu verzichten. So spürt Ihr Sohn, dass Sie es ernst meinen.

Fazit: *Informieren Sie Ihren Sohn über die Gefahren von Alkohol und bleiben Sie bei einem strikten Verbot.*

SEIEN SIE AUFMERKSAM – ABER AUCH GELASSEN

Die Gefahr, in der Pubertät zu Alkohol und Drogen zu greifen, ist groß. Dennoch ist die Zahl derer, die später süchtig werden, gering. Deshalb: Seien Sie konsequent, aber überreagieren Sie nicht, wenn Ihr Sohn mit Alkohol und Drogen in Kontakt kommt. Letztendlich haben Sie nur bedingt Einfluss auf eine mögliche Suchterkrankung Ihres Sohnes.

97. Unser 17-Jähriger hat bei Komasaufen mitgemacht

Im Freundeskreis unseres Sohnes (17) musste ein Mädchen wegen akuter Alkoholvergiftung ins Krankenhaus gebracht werden, nachdem die Jugendlichen und auch unser Sohn ein «Komasaufen» veranstaltet haben. Weil in diesem Freundeskreis recht hemmungslos Alkohol getrunken wird, würden wir unserem Sohn am liebsten den Umgang mit den Freunden verbieten, wohl wissend, wie schwer das zu realisieren ist, denn schließlich ist er 17. Andererseits haben wir als Eltern noch Einflussmöglichkeiten, solange er nicht volljährig ist.

Auf der einen Seite ist es kennzeichnend für die Pubertät und auch notwendig, Grenzerfahrungen zu machen. Die meisten Jugendlichen erleben irgendwann einmal einen Vollrausch mit allem, was dazugehört: Übelkeit, Schwindel, Seh- und Artikulationsstörungen sowie einen entsetzlichen Kater am Tag danach. Auf der anderen Seite sollte man das Rausch- oder Kampftrinken, wie Komasaufen auch genannt wird, nicht herunterspielen, denn hierbei geht es nicht nur um einen gewöhnlichen Alkoholrausch. Beim Komasaufen trinken Jugendliche bis zur Bewusstlosigkeit. Ich glaube nicht, dass Sie Ihrem Sohn noch den Umgang mit seinen Freunden verbieten können, aber Sie sollten auf seinen Alkoholkonsum einwirken. Jugendlichen ist häufig gar nicht bewusst, welche Folgen das Rauschtrinken hat:

- Alkoholvergiftung (Alkoholintoxikation) mit zum Teil tödlichem Ausgang.
- Ersticken an Erbrochenem bei Bewusstlosigkeit.
- Unterkühlung und Erfrieren, wenn Jugendliche bewusstlos im Freien liegen bleiben.
- Schädigung des Gehirns (britische Forscher haben herausgefunden, dass Jugendliche, die regelmäßig bis zum Umkippen trinken, auch in nüchternem Zustand erhebliche Gedächtnislücken aufweisen).
- Schädigung von Leber und Bauchspeicheldrüse.
- Alkoholabhängigkeit.

Die Gefahr, sich bis zur Bewusstlosigkeit zu betrinken, ist bei Jugendlichen besonders groß, denn dem jungen Organismus fehlt noch ein zum Alkoholabbau notwendiges Enzym. Dieses wird erst gebildet, wenn der Blutalkoholspiegel öfter über 0,5 Promille liegt.

Wie das Statistische Bundesamt mitteilt, ist die Anzahl der Jugendlichen, die mit einer Alkoholintoxikation im Krankenhaus aufgenommen wurden, zwischen 2000 und 2009 um 178 Prozent gestiegen. Die Ursachen für diese Zunahme sind vielschichtig. Ein Grund ist, dass die Gesellschaft aufmerksamer und weniger verharmlosend auf den Alkoholkonsum Jugendlicher reagiert. Eltern und andere Erwachsene sehen sich heutzutage eher in der Verantwortung, zu handeln, wenn sie auf einen volltrunkenen Jugendlichen treffen. Mein Eindruck ist aber, dass eine reißerische Berichterstattung in den Medien auch zu einem Anstieg beitragen könnte. Schlagzeilen wie «Komasaufen, der neue Jugendtrend» oder «Komasaufen – ein Problem der Jugend» machen das Rauschtrinken nicht nur erst unter Jugendlichen bekannt – sie können Jugendliche auch dazu verführen, trendy sein und mitmachen zu wollen.

Grenzerfahrungen Jugendlicher haben immer auch etwas mit der Beziehung zwischen Jugendlichen und Erwachsenen zu tun. Jugendliche trinken bis zum Umfallen, weil sie

- sich ein erwachsenes Ritual aneignen wollen («Ich trinke Alkohol, weil ihr das auch tut!»),
- sich eine eigene, von den Erwachsenen unabhängige Welt erschaffen wollen («Bei den Mengen, die ich trinke, könnt ihr nicht mehr mitreden!»),
- Aufmerksamkeit wollen («Ich find's toll, dass sich alle so einen Kopf um mich machen!»),
- Widerstand gegen Eltern und andere Autoritäten üben wollen («Ich mache was, das euch nicht passt!»).

Nehmen Sie die Alkoholvergiftung des Mädchens zum Anlass, um Ihren Sohn über die fatalen Folgen seines Trinkverhaltens aufzuklären, und kommen Sie mit ihm über seine Motive ins

Gespräch. Was reizt ihn dabei, so viel Alkohol zu trinken, und warum hat er das nötig? Helfen Sie ihm, kontrolliert mit Alkohol umzugehen, indem Sie gemeinsam Konsumregeln über Häufigkeit, Menge und Anlass erstellen, und bleiben Sie darüber im Dialog. Ziel sollte nicht sein, dass Ihr Sohn völlig mit dem Trinken aufhört, sondern dass er das rechte Maß im Umgang mit Alkohol findet.

Fazit: *Sie können Ihrem Sohn nicht mehr die Freunde verbieten, aber Sie können versuchen, seinen Alkoholkonsum zu beeinflussen.*

AUSZUG VON ZU HAUSE

98. Unser Sohn will ausziehen – mit 17!

Vor kurzem hat uns unser 17-Jähriger eröffnet, dass er mit seiner Freundin in eine gemeinsame Wohnung ziehen will. Da er sich noch in der Ausbildung befindet und sich eine eigene Wohnung nicht leisten kann, braucht er von uns einen Mietzuschuss. Meine Frau und ich sind völlig ratlos. Ist er mit 17 nicht noch zu jung, um auszuziehen? Außerdem kennt er das Mädel erst seit einem halben Jahr! Was, wenn die Beziehung scheitert? Über einen Rat würden wir uns sehr freuen.

Machen Sie Ihre Entscheidung von Ihrem Bauchgefühl abhängig. Ein 17-Jähriger ist nicht prinzipiell zu jung, um eine eigene Wohnung zu beziehen. Haben Sie den Eindruck, Ihr Sohn sei in der Lage, sein Leben selbst zu gestalten? Immerhin absolviert er eine Ausbildung und lebt in einer Beziehung. Dass er seine Freundin erst ein halbes Jahr kennt, sollte kein Hinderungsgrund sein. Aus der Perspektive eines Jugendlichen ist ein halbes Jahr ein langer Zeitraum. Lassen Sie ihm die Option, zurückzukommen, wenn er mit seiner plötzlichen Selbständigkeit nicht zurechtkommen oder in der Beziehung scheitern sollte, und sprechen Sie dies deutlich aus. Aber zeigen Sie sich auch zuversichtlich und vertrauensvoll, dass ihm der Schritt gelingt, denn damit fördern Sie seine Autonomie. Sie könnten sich in der ersten Zeit beobachtend im Hintergrund halten, Ihre Unterstützung bei der Wohnungssuche und bei der Einrichtung anbieten, aber auch darauf gefasst sein, dass Ihr Sohn Ihre Hilfe nicht will. Lassen Sie ihm so viel Autonomie wie möglich, aber geben Sie auch noch so viel Halt wie nötig.

Fazit: *Ein 17-Jähriger ist nicht grundsätzlich zu jung, um auszuziehen. Ihr Vertrauen und Ihre Zuversicht stärken ihn in seiner Autonomie.*

99. Der 16-Jährige tyrannisiert die Familie. Wäre Auszug eine Lösung?

Wir haben immense Probleme mit unserem 16-jährigen Sohn. Er hat die Schule abgebrochen, kommt und geht, wann er will, und entzieht sich unserem elterlichen Einfluss völlig. Die Atmosphäre ist so vergiftet, dass die gesamte Familie darunter leidet (wir haben noch zwei weitere Kinder, 14 und 10). Manchmal wünschen meine Frau und ich uns regelrecht, er würde ausziehen, damit endlich wieder Ruhe einkehrt, haben aber auch ein schlechtes Gewissen deswegen. Allerdings hat er selbst schon einmal angedeutet, er würde lieber in einer Jugend-WG wohnen. Wäre das denn eine Lösung?

Mehr räumliche und emotionale Distanz könnte möglicherweise der Eltern-Sohn-Beziehung eine neue Dynamik verleihen. Ich kann gut verstehen, dass Sie Ihren Sohn lieber außerhalb als innerhalb der eigenen vier Wände sehen würden. Das macht Sie aber noch lange nicht zu «Rabeneltern». Wenn Ihr Sohn Ihnen keine elterliche Autorität mehr zugesteht, wenn er tut und lässt, was er will, kann auch kein Kontakt zwischen Ihnen entstehen. Ein 16-Jähriger ist eben noch nicht erwachsen, sondern hat sich den Anforderungen der Schule und partiell auch den

Wünschen der Eltern unterzuordnen. Genau dies scheint Ihrem Sohn aber nicht möglich zu sein. Aus irgendeinem Grund muss er sich jedweder Form von Autorität widersetzen, und das löst – verständlicherweise – Hilflosigkeit bei Ihnen aus. Ich finde, Sie sollten Ihren Impuls nach räumlicher Distanz ernst nehmen. Ihrem Sohn scheint es ja ähnlich zu ergehen. Auch er ist überfordert und braucht dringend Abstand von Ihnen. Schildern Sie Ihrem Sohn in ruhigen Worten, welche Ohnmachtsgefühle sein Verhalten bei Ihnen auslöst, und schlagen Sie ihm die Unterbringung in einem betreuten Jugendwohnen vor. Dazu müssten Sie gemeinsam mit Ihrem Sohn Kontakt zum Jugendamt aufnehmen. Haben Sie keine Scheu, diesen Schritt zu gehen. Manchmal reicht schon die Ankündigung einer räumlichen Trennung, um bei Jugendlichen etwas zu bewegen. Auch ein Gespräch mit den Mitarbeiterinnen und Mitarbeitern des Jugendamtes kann bei Ihrem Sohn eine Veränderung bewirken. Doch selbst wenn das nicht geschieht: Die Unterbringung in einer Jugend-WG kann eine verstrickte Eltern-Kind-Beziehung entlasten, weil nun beide Seiten die Möglichkeit haben, Luft zu holen und sich im Schutz einer größeren Distanz wieder neu und gestärkt aufeinander einzulassen.

Fazit: *Nehmen Sie Ihren Wunsch nach räumlicher Distanz ernst und schlagen Sie Ihrem Sohn die Unterbringung in einer betreuten Jugend-WG vor.*

100. Kann ich einen 20-jährigen «Null-Bocker» einfach vor die Tür setzen?

Mein Sohn ist vor kurzem 20 geworden. Eine handwerkliche Ausbildung hat er abgebrochen, einen Job sucht er sich nicht, und zu Hause fasst er auch nicht mit an. Stattdessen hängt er Tag und Nacht mit seinen Freunden herum. Wenn ich ihn auffordere, Geld zu verdienen, sagt er, er habe keinen Bock. Ich bin alleinerziehende Mutter und vollkommen überfordert mit der Situation. Am liebsten würde ich ihn vor die Tür setzen, aber das traue ich mich nicht. Wo soll er denn hin?

Ich frage mich, was der Grund für die Antriebslosigkeit Ihres Sohnes ist. Warum hat er seine Ausbildung abgebrochen? Was sind seine beruflichen Perspektiven? Was macht es so schwer, sich eine Arbeit zu suchen? Als Erstes sollten Sie versuchen, über diese Fragen mit ihm ins Gespräch zu kommen. Falls Sie damit keinen Erfolg haben oder bereits mehrere Gesprächsversuche hinter sich haben, ohne dass sich etwas geändert hat, ist es vielleicht tatsächlich an der Zeit für ihn, sich von Ihnen zu lösen. Da er dies von alleine nicht schafft, sollten Sie nachhelfen. Haben Sie keine Skrupel, ihm einen Hinauswurf anzudrohen, falls er sich nicht bald eine Arbeit oder einen Ausbildungsplatz sucht. Ihr Sohn ist erwachsen genug, um für sich selbst sorgen zu können. Notfalls muss er zunächst in der Bahnhofsmission unterkommen. Die Bahnhofsmissionen arbeiten mit Beratungsstellen zusammen, die obdachlosen Jugendlichen und jungen Erwachsenen beratend zur Seite stehen. Ich kann gut nachvollziehen, dass es Ihnen Schuldgefühle bereitet, Ihren Sohn hinauszuwerfen, aber möglicherweise ist dies genau der Impuls, den Ihr Sohn braucht. Halten Sie sich vor Augen, warum es sich lohnt, konsequent zu sein und die eigene Konsequenz auch auszuhalten:

- Ihr Sohn schafft die Loslösung nicht aus eigener Kraft. Geben Sie ihm einen Schubs!
- Sein Leidensdruck sollte steigen, damit er in Bewegung

kommt. Mit dem «Hotel Mama» verhindern Sie Leiden, aber auch Wachstum.

- Mit dem Hinauswurf (oder zumindest der Androhung) setzen sie ihm die Pistole auf die Brust, sich selbst um sein Leben zu kümmern. Wenn Sie ihn weiterhin bemuttern, halten Sie ihn klein.
- Ihr Sohn trägt nichts zum Zusammenleben bei. Warum wollen Sie sich das antun?

Ihr Ablösungswunsch ist ein gesunder mütterlicher Impuls, den Sie ernst nehmen sollten. Erläutern Sie Ihrem Sohn, wie es Ihnen mit seiner Null-Bock-Haltung geht und stellen Sie ihm ein Ultimatum: Wenn er bis dann und dann keine Arbeit gefunden hat, würden Sie ihn vor die Tür setzen. Sprechen Sie diese Drohung aber nur aus, wenn Sie im Ernstfall auch bereit sind, sie durchzusetzen, sonst machen Sie sich unglaubwürdig.

Fazit: *Ihr Sohn ist alt genug, um sein Leben selbst in die Hand zu nehmen. Setzen Sie ihn vor die Tür, wenn er sich nicht ändert.*

ZUM WEITERLESEN

Pubertät

- Claudia und David Arp: *Und plötzlich sind sie 13*. Gießen 2010.
- Ulla Atzert: *Homo pubertensis*. Tipps zum störungsfreien Umgang mit Heranwachsenden. Frankfurt 2007.
- Heidemarie Brosche: *Nervenprobe Pubertät*. Wie Eltern sie bestehen können. Freiburg 2004.
- Helmut Fend: *Entwicklungspsychologie des Jugendalters*. Opladen 2001.
- Max H. Friedrich: *Irrgarten Pubertät*. Elternängste. Wien 2005.
- GEO-Wissen 41/2008: *Pubertät. Auf der Suche nach dem neuen Ich*. Hamburg 2008.
- Rolf Göppel: *Das Jugendalter*. Entwicklungsaufgaben – Entwicklungskrisen – Bewältigungsaufgaben. Stuttgart 2005.
- Alexander Grob/Uta Jaschinski: *Erwachsen werden*. Entwicklungspsychologie des Jugendalters. Weinheim 2003.
- Allan Guggenbühl: *Pubertät – echt ätzend*. Gelassen durch die schwierigen Jahre. Freiburg 2004.
- Gabriele Haug-Schnabel/Nicolas Schnabel: *Pubertät. Elternverantwortung und Elternglück*. Ratingen 2008.
- Sybille Herold: *300 Fragen zur Pubertät*. München 2008.
- Jesper Juul: *Pubertät – wenn Erziehen nicht mehr geht*. München 2010.
- Cornelia Nitsch/Brigitte Beil/Cornelia von Schelling: *Pubertät? Kein Grund zur Panik*. München 2003.
- Jan-Uwe Rogge: *Pubertät. Loslassen und Haltgeben*. Reinbek 2010.
- Helmut Schümann: *Der Pubertist*. Ein Überlebenshandbuch für Eltern. Reinbek 2005.
- Helmut Schümann: *Der Post-Pubertist*. Das ultimative Überlebenshandbuch für Eltern. Reinbek 2008.
- Barbara Sichtermann: *Pubertät. Not und Versprechen*. Weinheim 2007.
- Peer Wüschner: *Grenzerfahrung Pubertät*. Frankfurt 2005.

Jungen

- Wolfgang Bergmann: *Kleine Jungs – große Not*. Wie wir ihnen Halt geben. Weinheim 2010.
- Cheryl Bernard/Edit Schlaffer: *Einsame Cowboys*. Jungen in der Pubertät. München 2002.
- Frank Beuster: *Die Jungenkatastrophe*. Das überforderte Geschlecht. Reinbek 2006.
- Joachim Braun: *Jungen in der Pubertät – wie Söhne erwachsen werden*. Reinbek 2003.

- Allan Guggenbühl: *Kleine Machos in der Krise*. Wie Eltern und Lehrer Jungen besser verstehen. Freiburg 2006.
- Barbara Koch-Priewe/Arne Niederbacher/Peter Zimmermann: *Jungen – Sorgenkinder oder Sieger?* Ergebnisse einer quantitativen Studie und ihre pädagogischen Implikationen. Wiesbaden 2009.
- William F. Pollack: *Jungen. Was sie vermissen, was sie brauchen.* Frankfurt 2009.
- Jan-Uwe Rogge/Bettina Mähler: *Lauter starke Jungen.* Reinbek 2003.
- Dieter Schnack/Rainer Neutzling: *Kleine Helden in Not.* Jungen auf der Suche nach Männlichkeit. Reinbek 2011.

Gehirnforschung

- Eveline Crone: *Das pubertierende Gehirn.* Wie Kinder erwachsen werden. München 2011.
- Barbara Strauch: *Warum sie so seltsam sind.* Gehirnentwicklung bei Teenagern. Berlin 2007.

Computer und Medien

- Wolfgang Bergmann/Gerald Hüther: *Computersüchtig.* Kinder im Sog der modernen Medien. Weinheim 2010.
- Bundesministerium für Familie, Frauen, Senioren und Jugend: *Handy ohne Risiko?* Mit Sicherheit mobil – ein Ratgeber für Eltern. Broschüre.
- Gabriele Farke: *Abitur in Azeroth.* Wenn Kinder und Jugendliche die Realität in eine Traumwelt verlagern. Ein Eltern-Ratgeber bei Onlinesucht. Broschüre. Buxtehude 2007.

Sexualerziehung

- Bundeszentrale für gesundheitliche Aufklärung: Jugendsexualität 2010. Repräsentative Wiederholungsbefragung von 14- bis 17-Jährigen und ihren Eltern, mit dem aktuellen Schwerpunkt «Migration». Broschüre.
- Bundeszentrale für gesundheitliche Aufklärung: *Über Sexualität reden … die Zeit der Pubertät.* Ein Ratgeber für Eltern zur kindlichen Sexualentwicklung in der Pubertät. Broschüre.
- Jan-Uwe Rogge: *Von wegen aufgeklärt!* Sexualität bei Kindern und Jugendlichen. Reinbek 2008.

Homosexualität

- Bundeszentrale für gesundheitliche Aufklärung: *Heterosexuell? Homosexuell?* Informationen und Ratschläge für Jugendliche in der sexuellen Orientierungsphase, für Eltern und für Menschen im Coming-out. Broschüre.
- Heidi Hassenmüller/Udo Rauchfleisch/Hans-Georg Wiedemann: *Warum gerade mein Kind?* Interviews mit Eltern homosexueller Kinder. Düsseldorf 2006.

Mobbing

- Mustafa Jannan: *Das Anti-Mobbing-Elternheft.* Schüler als Mobbing-Opfer – was Ihrem Kind wirklich hilft. Weinheim 2010.
- Mechthild Schäfer/Gabriela Herpell: *Du Opfer!* Wenn Kinder Kinder fertigmachen. Reinbek 2010.

Alkohol, Zigaretten und Drogen

- Trevor Grice/Tom Scott: *Die schönen Blödmacher – was man über Drogen wissen muss.* Ein Lese- und Arbeitsbuch für Jugendliche und Erwachsene. Mülheim an der Ruhr 2007.
- Bundeszentrale für gesundheitliche Aufklärung: *Raucht mein Kind?* Informationen für Eltern zum Thema Rauchen im Jugendalter und Hilfestellungen für Gespräche mit ihren Kindern. Broschüre.
- Bundeszentrale für gesundheitliche Aufklärung: *rauchfrei.* Anleitung zum Rauchverzicht für Jungen. Broschüre.
- Bundeszentrale für gesundheitliche Aufklärung: *Alkohol – reden wir drüber!* Ein Ratgeber für Eltern zum möglichen Alkoholkonsum ihrer heranwachsenden Kinder. Broschüre.
- Bundeszentrale für gesundheitliche Aufklärung: *Alles klar?* Tipps und Informationen für den verantwortungsvollen Umgang mit Alkohol. Broschüre.
- Bundeszentrale für gesundheitliche Aufklärung: *Cannabis – Basisinformationen.*

Essstörungen

- Sylvia Baeck: *Essstörungen.* Was Eltern und Lehrer tun können. Bonn 2007.
- Bundeszentrale für gesundheitliche Aufklärung: *essgestört? übergewichtig? – so findest Du Hilfe.* Informationen und Hilfsangebote für Jugendliche und junge Erwachsene, die an einer Essstörung erkrankt sind, übergewichtig oder adipös sind. Broschüre.
- Bundeszentrale für gesundheitliche Aufklärung: *Essstörungen* – Leitfaden für Eltern, Angehörige und Lehrkräfte. Broschüre.

Psychische Auffälligkeiten

- Wolfgang Bergmann: *Das Drama des modernen Kindes.* Hyperaktivität, Magersucht, Selbstverletzung. Weinheim 2007.
- Bundeszentrale für gesundheitliche Aufklärung: *ADHS. Aufmerksamkeitsdefizit-/ Hyperaktivitäts-Syndrom … was bedeutet das?* Die Broschüre wendet sich an Jugendliche und Erwachsene, die von ADHS betroffen sind, an Eltern und Angehörige mit Kindern und Jugendlichen mit ADHS sowie an alle, die beruflich mit ADHS-Patienten zu tun haben.
- Manfred Döpfner/Franz Petermann: *Ratgeber Psychische Auffälligkeiten bei Kindern und Jugendlichen.* Göttingen 2008.

- Manfred Döpfner/Franz Petermann/Martin H. Schmidt: *Ratgeber Aggressives Verhalten*. Göttingen 2008.
- Cordula Neuhaus: *ADHS bei Kindern, Jugendlichen und Erwachsenen*. Stuttgart 2009.

ADRESSEN

Bundeskonferenz für Erziehungsberatung e. V.

www.bke.de

Hier finden Sie Adressen von Erziehungsberatungsstellen, den bke-Sorgenchat, E-Mail-Beratung und Informationen rund um Erziehung.

Bundeszentrale für gesundheitliche Aufklärung

www.bzga.de

Umfassende Informationen und Materialien zu Sexualaufklärung, Gesundheit, Erziehung und Sucht. Auf der Internetseite finden Sie einen Überblick über die wichtigsten Beratungsstellen inklusive einer Online-Suche. Auch können Sie online Aufklärungs- und Informationsmedien bestellen.

Dajeb – Deutsche Arbeitsgemeinschaft für Jugend- und Eheberatung e. V.

www.dajeb.de

Mit dem Online-Beratungsführer finden Sie Beratungsstellen in Ihrer Nähe.

Deutscher Caritasverband, Caritas Österreich

www.caritas.de

www.caritas.at

Wohlfahrtsverband der katholischen Kirche mit deutschland- und österreichweiten Beratungsstellen, in denen auch Eltern-, Familien- und Jugendberatung angeboten wird

Deutscher Kinderschutzbund, Elternkurse

www.sesk.de

Unter dem Motto «Starke Eltern – starke Kinder» bietet der Kinderschutzbund Erziehungskurse für Eltern an.

Diakonisches Werk der Evangelischen Kirche in Deutschland e. V.

www.diakonie.de

Deutschlandweite Einrichtungen, in denen auch Eltern- und Familienberatung angeboten wird

Drugcom.de

www.drugcom.de

Umfangreiche Website der Bundeszentrale für gesundheitliche Aufklärung zu Alkohol, Tabak und Drogen inklusive Anlaufstellen und Selbsttests

Elternnotruf Zürich
www.elternnotruf.ch
Tel. 044 261 88 66
Telefon- und E-Mail-Beratung sowie Gesprächsgruppen für Eltern

Familienberatung des Bundesministeriums für Wirtschaft, Familie und Jugend, Österreich
www.familienberatung.gv.at
Info-Hotline: 0800 240 262
Suchmaschine von Familienberatungsstellen in ganz Österreich, die nach dem Familien-beratungsförderungsgesetz vom Bundesministerium für Wirtschaft, Familie und Jugend gefördert werden

klicksafe
www.klicksafe.de
Website, die unter anderem Eltern und Jugendliche über Sicherheit und Entwicklungen im Internet umfassend informiert

Nummer gegen Kummer – Elterntelefon
www.elterntelefon.org
Tel. 0800 111 0 550
Deutschlandweites telefonisches Gesprächs-, Beratungs- und Informationsangebot, das Eltern bei Erziehungsfragen kompetent und anonym unterstützt

pro familia – Deutsche Gesellschaft für Familienplanung, Sexualpädagogik und Sexualberatung e. V.
www.profamilia.de
Deutschlandweite Beratungsstellen bei Fragen und Problemen rund um Schwanger-schaft, Partnerschaft und Sexualität

Schulpsychologische Beratungsstellen
www.schulpsychologie.de
www.schulpsychologie.at
www.schulpsychologie.ch
Elternberatung bei Schulschwierigkeiten ihrer Kinder. Auf den jeweiligen Internetseiten finden Sie Beratungsstellen in ganz Deutschland, Österreich und der Schweiz.

Verband alleinerziehender Mütter und Väter e. V.
www.vamv.de

INDEX

100 FRAGEN AUF EINEN BLICK